# Taekwondo perfekt 2



FALKEN-BUDO-BIBLIOTHEK

Konstantin Gil · Kim Chul-Hwan

# Taekwondo perfekt 2

## Die Formenschule vom Blau- bis zum Schwarzgurt

FALKEN

Vom selben Autor sind im FALKEN Verlag außerdem erschienen:
„Illustriertes Handbuch des Taekwondo" (Nr. 4053)
„Taekwon-Do" (Nr. 347)
„Taekwondo perfekt 1" (Nr. 890)

Zwei weitere Bände „Taekwondo perfekt" sind in Planung.

CIP-Titelaufnahme der Deutschen Bibliothek

**Gil, Konstantin:**
Taekwondo perfekt / Konstantin Gil; Kim Chul-Hwan. –
Niedernhausen/Ts.: FALKEN
(FALKEN Bücherei: Budo-Bibliothek)
NE: Chul-Hwan, Kim

2. Die Formenschule vom Blau- bis zum Schwarzgurt. – 1988
ISBN 3-8068-0976-3

ISBN 3 8068 0976 3


Titelbild und Fotos: Foto-Studio G+M Köhler, Leonberg
Zeichnungen: Pia Selbach, Wuppertal
Die Ratschläge in diesem Buch sind von Autor und Verlag sorgfältig erwogen und geprüft, dennoch kann eine Garantie nicht übernommen werden. Eine Haftung des Autors bzw. des Verlages und seiner Beauftragten für Personen-, Sach- und Vermögensschäden ist ausgeschlossen.
Satz: Fliegel GmbH, Hildesheim
Druck: Wiesbadener Graphische Betriebe GmbH, Wiesbaden

817 2635 4453 6271

# Inhalt

# Vorwort

Mit unserem zweiten Band der Serie „Taekwondo perfekt“ setzen wir unsere auf vier Bände angelegte Reihe fort. Sollten Sie Anleitungen zur Ausführung der Bewegungsformen suchen, dann schauen Sie bitte im ersten Band nach. Dort ist ausführlich beschrieben, was Bewegungsformen sind und wie sie am besten ausgeführt werden sollten.

Im vorliegenden Buch werden Sie Formen kennenlernen, die vom 3. Kŭp (blauer Gürtel mit rotem Streifen) bis zum 1. Dan (erster Schwarzgurt) angelegt sind. Dieser Bereich betrifft einen der wichtigsten Übungsabschnitte für Taekwondoin, in dem neben der immer perfekter werdenden Technik auch das Verständnis steigt. Entwickeln sich die Körperbeherrschung und das Verständnis nicht parallel, erlischt nach und nach das Interesse an Taekwondo überhaupt, wobei dem Verständnis weit mehr Gewicht beigemessen wird als der Perfektion der ausgeführten Techniken. Deshalb geschieht es immer wieder, daß sich mancher, der sich alles schwer erarbeiten muß und letztendlich weniger spektakulär wirkt als andere, auf lange Sicht sehr gut weiterentwickelt, während sogenannte „Naturtalente“ die Lust verlieren und aufhören. Und das gerade dann, wenn sie kurz vor dem endgültigen Durchbruch zu ihrer Persönlichkeit stehen.

Die Persönlichkeit entwickelt sich im ständigen Bemühen um Wissen, das Zusammenhänge klar erkennen läßt. Erlahmt dieses Bemühen, weil einem alles viel zu leicht und einfach scheint, dann liegt das am fehlenden Verständnis, das sich dann einstellt, wenn die Zusammenhänge klar werden.

Und gerade um Zusammenhänge geht es in unserer Poomse-Serie. Dabei gehen wir folgendermaßen vor: Jede neue Technik wird so genau wie möglich erklärt und in der möglichen Anwendung in der Praxis gezeigt. Außerdem machen wir auf die Zusammengehörigkeit vieler Bewegungsfolgen aufmerksam, wobei wir vielfach einzelne Schritt- und Bewegungsfolgen bildlich klar dargestellt haben.

Wir wünschen Ihnen viel Freude mit diesem Buch und hoffen, daß es dazu beiträgt, Ihre Beschäftigung mit Taekwondo zu vertiefen. Da Taekwondo 1988 bei den Olympischen Spielen in Seoul/Korea als Demonstrationsdisziplin zugelassen war, kann geschlossen werden, daß diese dynamische Kampfkunst und Sportart immer mehr Anhänger gewinnt, die mittlerweile schon in über 100 Nationen zu finden sind.

## Konstantin Gil

Konstantin Gil hat mit seinen beiden beim Falken-Verlag erschienenen Lehrbüchern (1972 und 1978) Pionierarbeit für die deutschsprachige Taekwondo-Literatur geleistet. Gil wurde 1946 in Kowno/Litauen geboren und kam 1959 in die Bundesrepublik. Er lernte Maschinenschlosser, bildete sich weiter und ist heute Chef vom Dienst von TAEKWONDO AKTUELL, der offiziellen Fachzeitschrift der Deutschen Taekwondo Union (DTU).

Mit Taekwondo fing Konstantin Gil 1967 an. Seine Lehrer waren Moon Yang-Keun und Kwon Jae-Hwa. Er schlug zunächst die Kämpfer-Laufbahn ein, wurde 1970 beim Deutschen Verband für waffenlose Selbstverteidigung Deutscher Vizemeister und 1977 beim DJB Dritter der Internationalen Deutschen Meisterschaft. 1972 war er mit seiner Mannschaft Vizemeister und 1973 Deutscher Meister. 1976 errang er bei einem deutsch-amerikanischen Turnier den ersten Platz bei den Poomse-Meisterschaften, war 1984 und 1985 Rheinland-Pfälzischer und 1987 Deutscher Poomse-Meister. Seine Prüfung zum 5. Dan legte er 1987 ab.

# Kim Chul-Hwan

Der vielfache koreanische Meister und Weltmeister von 1973, Kim Chul-Hwan, wurde 1953 in Korea geboren. Nach dem Abitur besuchte er die Technische Hochschule in Seoul, wo er 1975 als Maschinenbau-Techniker abschloß.

Seine sportliche Laufbahn begann Kim Chul-Hwan im Alter von neun Jahren 1962. Beim Gewinn des Mannschafts-Weltmeister-Titels 1973 bei der ersten Taekwondo-Weltmeisterschaft war er bereits ein berühmter Kämpfer. Nach seiner ersten Erringung der Asienmeisterschaft 1974 wurde er in Korea zum Sportler des Jahres gewählt. Insgesamt errang er 24 koreanische Titel. Sein letzter großer Erfolg war der Meistertitel bei den Pre World Games 1978. Danach beendete er seine Wettkampflaufbahn.

Im Dezember 1978 kam er in die Bundesrepublik und führte in ganz Niedersachsen die neuen Poomse ein. In Aachen und Umgebung gründete er ab 1980 sechs Vereine, die alle den Namen „Hankook" (Korea) tragen und der Deutschen Taekwondo Union (DTU) angeschlossen sind. 1986 bekam Kim Chul-Hwan von der World Taekwondo Federation (WTF) den 7. Dan zugesprochen.

# Taegŭk-Poomse

## Phonetik
## der koreanischen Namen

**ae** = **ä** wie in M**ä**rchen
**ŏ** = offener Laut **zwischen a und o** wie im engl.: n**o**t
**oo** = **u**
**ŭ** = fast stimmloser Laut **zwischen u und e**
**y** = ein Laut **zwischen i und j**

Andere Vokale werden wie im Deutschen ausgesprochen.
**ch** = **tsch** wie in Deu**tsch**land
**j** = **dsch** wie in **Dsch**ungel
**s** = **ß** wie in da**ß** oder Fa**ß**
**w** = flüchtiges, mit für u geformten Lippen gesprochenes **w** wie im engl.: **w**ill

## Koreanische Fachausdrücke

*An* – von außen nach innen
*An-chigi* – Schlag nach innen
*An-makki* – Block nach innen
*An-palmok-hechyŏ-makki* – Keilblock mit dem inneren Unterarm
*An-palmok-makki* – Block mit dem inneren Unterarm
*Ap* – vorne, vorn
*Ap-chagi* – Vorwärtstritt
*Ape* – nach vorne
*Ape-chigi* – Schlag nach vorne
*Ap-gubi* – vorn gebeugt, lange Vorwärtsstellung
*Ap-sŏgi* – Vorwärtsstellung, Schrittstellung
*Arae* – Unterleib unter dem Nabel
*Arae-makki* – Unterleibsblock, Tiefblock

*Bakkat* – von innen nach außen
*Bakkat-makki* – Block nach außen
*Bakkat-palmok* – Außen-Unterarm
*Bandae* – seitenverkehrt, das Gegenteil
*Bandae-dolyo-chagi* – Fersendrehschlag (Gegendrehtritt)
*Bandae-jirŭgi* – seitenverkehrter Fauststoß
*Baro* – gleichseitig, zurück zur Ausgangsstellung
*Baro-jirŭgi* – gleichseitiger Fauststoß
*Batangson* – Handballen
*Batangson-momtong-an-makki* – Handballen-Innenblock
*Batangson-momtong-makki* – Handballen-Körperblock
*Bo-jumŏk* – Faust-Konzentrationsform
*Bŏm-sŏgi* – Tiger-Stellung

*Chagi* – Tritt
*Charyŏt* – Kommando zur Achtungsstellung
*Chigi* – Schlag
*Chirŭgi* – Fingerspitzenstich

*Dan* – Schwarzgurt (ab 16 Jahre: 1.–10.)
*Dobok* – Taekwondo-Anzug

*Dojang* – Taekwondo-Trainingsraum
*Dolyŏ* – drehen
*Dolyŏ-chagi* – Halbkreistritt, Drehtritt
*Du* – doppelt, zwei
*Dubaldang-sang-ap-chagi* – mit beiden Füßen nacheinander getretener Vorwärtstritt in einem Sprung
*Du-jumŏk-jirŭgi* – gleichzeitiger Zweifauststoß mit derselben Technik
*Du-jumŏk-jŏchyo–jirŭgi* – gleichzeitiger Zweifauststoß mit umgedrehten Fäusten
*Dŭng-jumŏk* – Faustrücken
*Dŭng-jumŏk-ape-chigi* – Faustrückenschlag nach vorne
*Dŭng-jumŏk-bakkat-chigi* – Faustrückenschlag nach außen
*Dwit-gubi* – hinten gebeugt, Rückwärtsstellung

*Gawi-makki* – Scherenblock
*Gihap* – konzentrierter kurzer Schrei
*Gŏdŭrŏ* – Schutz, Unterstützung
*Gŏdŭrŏ-makki* – Schutzblock, Unterarmblock mit Unterstützung
*Gŭman* – Kommando zur Beendigung der Übung oder des Kampfes

*Hanson-kaljaebi* – einhändiger Würgegriff
*Hansonnal-makki* – Block mit einer Handkante
*Hechyŏ* – Keil, auseinander schieben
*Hechyŏ-makki* – Keil-Block
*Hogu* – Schutzweste

*Jang* – Aufgabe, Abschnitt
*Jebipum-hansonnal-makki* – Schwalbenflugform-Handkantenabwehr
*Jebipum-sonnal-mokchigi* – Schwalbenflugform-Handkantenschlag zum Hals
*Jirŭgi* – Fauststoß
*Jŏchyo* – umgekehrt, umgedreht
*Jŏchyo-jirŭgi* – umgekehrter, umgedrehter Fauststoß
*Juchum-sŏgi* – Sitzstellung
*Jumŏk* – Faust
*Jumŏk-dangyo-tŏk-jirŭgi* – Kinnhaken mit Heranziehen des Gegners
*Jumŏk-pyojŏk-jirŭgi* – Zielstoß zur Handfläche mit der Faust
*Junbi* – Vorbereiten! – Kommando zu Junbi-sŏgi
*Junbi-sŏgi* – Vorbereitungsstellung

*Kaljaebi* – Halsgriff, Würgegriff
*Kŏkki* – Schlaggriff
*Kŭp* – Schülergrad (9.–1.)
*Kyŏk-pa* – Bruchtest

*Makki* – Abwehr, Block
*Me-jumŏk* – Kleinfingerfaust, Faustboden
*Moa-sŏgi* – geschlossene Stellung
*Momdolyo* – Körper drehen
*Momdolyo-chagi* – Körperdrehtritt

*Momtong* – der Rumpf zwischen Bauchnabel und Schlüsselbein
*Momtong-hechyŏ-makki* – Keilblock mit den Außenunterarmen
*Momtong-jirŭgi* – Fauststoß zum Körper
*Momtong-makki* – Körper-, Rumpfabwehr (-block)
*Murŭp* – Knie
*Murŭp-chigi* – Knieschlag, Knietritt
*Murŭp-kŏkki* – Schlaggriff auf das Knie

*Oesantŭl-makki* – Zweiarmblock nach außen: mit Arae-makki auf der einen und Ŏlgul-pakkat-makki auf der anderen
*Ŏlgul* – Gesicht (mit Hals)
*Ŏlgul-makki* – Gesichtsblock
*Ŏtgŏrŏ* – überkreuz
*Ŏtgŏrŏ-makki* – Kreuzblock

*Pal* – Arm
*Palkup* – Ellenbogen
*Palmok* – Unterarm
*Poom* – Kinder-Schwarzgurt (1.–3.)
*Poomse* – Bewegungsform
*Pyŏnhi-sŏgi* – Vorbereitungstellung mit leicht nach außen gerichteten Zehen
*Pyŏnsonkŭt-jŏchyo-chirŭgi* – Fingerspitzenstich mit nach oben gedrehter Handfläche

*Sabom* – Lehrer, Meister
*Sabom-nim* – Lehrer, Meister ab 5. Dan
*Sŏgi* – Stellung
*Son* – Hand
*Sonkŭt* – Fingerspitzen
*Sonnal* – Handkante
*Sonnal-bakkat-chigi* – Handkantenschlag nach außen
*Sonnal-chigi* – Handkantenschlag
*Sonnal-makki* – Handkantenblock

*Tongmilgi* – etwas rundes mit den Handflächen zusammendrücken – z. B. ein Rohr
*Twiŏ* – springen
*Twiŏ-chagi* – Tritt im Sprung
*Ty* – Gürtel

*Yŏp* – Seite
*Yŏp-chagi* – Seitwärtstritt
*Yŏp-jirŭgi* – Seitwärts-Fauststoß
*Yŏp-makki* – Seitwärtsblock

# Erklärungen zu den Übungsbeschreibungen

Folgendes Muster wurde bei der Poomse-Beschreibung zugrunde gelegt:

Die **Zahl** über der Beschreibung bezeichnet die Bewegungsfolge.

Beschreibung:
**a)** Tritte, Körper- und Beinbewegungen
**b)** Bezeichnung der Stellungen
**c)** Handtechniken

Die **Pfeile** ➤ zeigen den Ablauf der Bewegungen an.

Richtungen:
**V** = vorn
**H** = hinten
**L** = links (1–3)
**R** = rechts (1–3)

**Junbi** = Anfangsstellung

**Gŭman** = Endstellung

# Taegŭk-yuk-jang

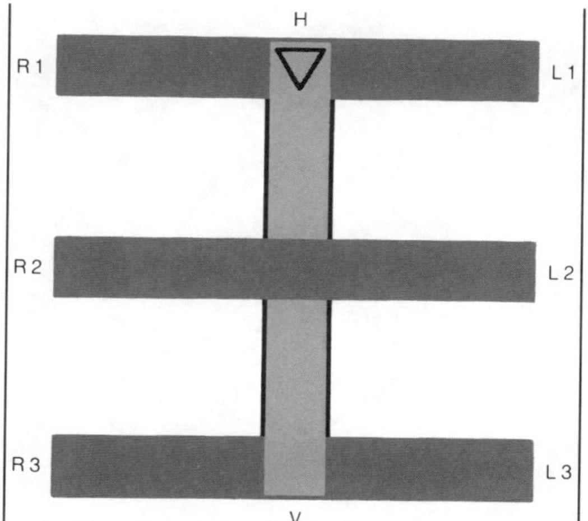


In *Taegŭk-yuk-jang* ist das Symbol des Wassers verankert. Ohne Wasser können wir nicht leben. Das Wasser behält immer seine Beschaffenheit, fließt immer bergab und umgeht die Hindernisse, wenn es erforderlich ist. Das abgründige, stille Wasser ist jedoch ebenso gefährlich wie Stromschnellen und Wasserfälle.

Fließend und nachgiebig sind die Bewegungen der *Taegŭk-yuk-jang*, die durch Fußtritte unterbrochen werden. Sie zeugen vom ruhigen Selbstvertrauen des gefestigten Menschen, der wie das Wasser sein Wesen nicht ändert, sondern gelassen den Schwierigkeiten entgegensieht.

Ausweichende und drehende Bewegungen sind für *Taegŭk-yuk-jang* kennzeichnend. Dies wird in *Jaebipoom-makki* und *Dolyŏchagi* deutlich. Ein weiteres Merkmal sind die *Bakkat-makki:* außer den beiden *Batangson-momtong-makki* am Schluß werden sämtliche Abwehren von innen nach außen ausgeführt.

# Techniken zu Taegŭk-yuk-jang

## Juchum-sŏgi

Bei *Juchum-sŏgi* ist das Gewicht auf beide Beine gleichmäßig verteilt. Der Körper befindet sich in aufrechter Haltung genau in der Mitte zwischen den etwa anderthalb Schulterbreiten auseinanderstehenden Füßen, deren Zehen leicht nach außen gerichtet sind. Die Beine sind leicht gebeugt und die Knie nach außen gedrückt.

*Juchum-sŏgi* ist eine stabile Seitwärtsstellung und wird von manchen Kämpfern als Kampfstellung bevorzugt.

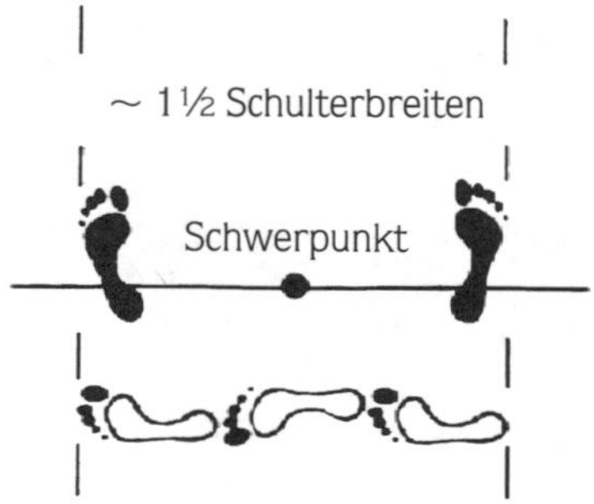

## Jebipum-hansonnal-makki

*Jebipum-hansonnal-makki* beginnt wie der im Band I (Taekwondo perfekt 1) geschilderte *Hansonnal-makki* (auch *Hansonnal-momtong-makki* genannt). Die Bezeichnung Jebipum deutet aber schon darauf hin, daß hier der Körper der Schwalben-Flugform entsprechend verdreht wird.

Aus diesem Grund wird die Schulter des Blockarms weit nach vorne geschoben und die Hüfte derselben Seite nach vorne gedreht, so daß eine starke Hüftspannung entsteht, die einen sofortigen und starken Tritt als Gegenangriff mit dem hinteren Bein erlaubt. Deshalb kann auch der Fuß dieses Beins in der Endstellung auf dem Ballen stehen.

Die Handkante selbst wehrt zur Seite oder leicht nach oben ab.

1b

1a ➤

2b

2a

## Dolyŏ-chagi

Der *Dolyŏ-chagi* ist wie *Ap-chagi* ein Schnapptritt. Wird er aus einer seitlichen Stellung ausgeführt, dann wird das Knie auf einem direkten Weg in einem Aufwärtsbogen nach vorne gebracht, so daß Ober- und Unterschenkel auf einer Ebene waagerecht zum Boden stehen. Gleichzeitig wird das Knie stark gebeugt und die Trittbeinseite auf dem Fußballen des Standbeins nach vorne gedreht.

Ohne die angefangene Bewegung zu unterbrechen oder zu stoppen, wird nun das Knie schnell und völlig gestreckt und sofort wieder angewinkelt – einer Schnappbewegung vergleichbar.

Das Ziel wird von der Seite in einem Aufprallwinkel von 90° getroffen.

Wird mit dem Fußballen getroffen, wie es in dieser Form und auch beim Bruchtest erforderlich ist, dann müssen die Zehen hochgebogen werden und der Fuß muß zum Unterschenkel angewinkelt sein. In der Endstellung befindet sich die Fußaußenkante waagerecht zum Boden.

Beim Tritt mit dem Fußspann, *Baldŭng*, bilden Fuß und Zehen durch Streckung die Verlängerung des Schienbeins.

In jedem Fall vollführt der Oberkörper eine Gegenbewegung. Er dreht sich während der Kniestreckung gegen die Trittrichtung.

1 ➤

1

2 ➤

3

2

3

3 ▲

2 ▲

1

Der Beginn des *Dolyŏ-chagi* aus einer vorwärts ausgerichteten Stellung wie beispielsweise *Ap-sŏgi* gleicht der Ausführung des *Ap-chagi*, bis das Knie Hüfthöhe erreicht hat. In dieser Position beginnt sich der Körper auf dem Ballen des Standfußes wie bereits beschrieben zu drehen, während der Fuß des Trittbeins in einem Aufwärtsbogen zum Ziel gebracht wird. Körperbewegung, Aufprallwinkel und Fußhaltung bleiben wie oben beschrieben.

## Arae-hechyŏ-makki

*Arae-hechyŏ-makki* ist ein beidarmiger Unterleibsblock, bei dem zwei gleichzeitige Angriffe nach beiden Seiten auseinandergetrieben werden. Dieses Auseinandertreiben wird mit *hechyŏ* bezeichnet, was Keil bedeutet.

Der Block beginnt mit vor der Brust gekreuzten Fäusten, deren Faustrücken nach vorne zeigen. Aus dieser Armhaltung vollführen beide Arme gleichzeitig je einen Unterleibsblock *(Arae-makki)*, bis sie sich seitlich vom Körper befinden.

In der *Taegŭk-yuk-jang* wird der *Arae-hechyŏ-makki* als langsame Konzentrationstechnik verlangt.

1

2

1 ▼

2

## Batangson-momtong-makki

Im Prinzip ist der Bewegungsablauf des *Batangson-momtong-makki* mit dem des *Batangson-nullŏ-makki (Taegŭk-sa-jang)* vergleichbar. Doch statt einen Angriff direkt nach unten zu drücken, wird dieser mit einer schräg nach unten stoßenden Handflächenbewegung zur Seite geprellt.

Das Handgelenk der Blockhand kommt dabei auf der Körperachse eine Handspanne vom Rumpf entfernt in der gewünschten Höhe zur Ruhe.

## Bakkat-palmok-makki

Der *Bakkat-palmok-makki* wird vom Bewegungsablauf genauso wie *Hansonnal-makki* ausgeführt. Lediglich die Finger sind dabei zu Fäusten geballt. Geblockt wird mit dem äußeren Unterarm – mit dem Teil zwischen dem Handgelenk und dem Ellenbogen.

Wird in einer nach vorne ausgerichteten Stellung wie beispielsweise *Ap-gubi* geblockt, dann wird der Arm (auch der Ellenbogen) an der Körpergrenze gestoppt. Der Block braucht nicht weiter nach außen geführt werden, weil er da schon seinen Zweck erfüllt hat, und wenn der Ellenbogen zu weit nach außen gerichtet ist, wird der Block geschwächt.

Die Schulter des Blockarms wird leicht nach vorne geschoben, das heißt, der Körper etwas abgedreht. Die leichte seitliche Körperlage gibt einem Gegenangriff etwas Vorspannung, was für einen leicht auszuführenden schnellen Angriff ja sehr wichtig ist.

1 ➤

2

1 ➤

2

➤

1 ➤

**Junbi**

a) Mit dem Gesicht in Richtung **V** stehen, den linken Fuß zur Seite stellen
b) **Pyŏnhi-sŏgi**
c) **Gibon-junbi**

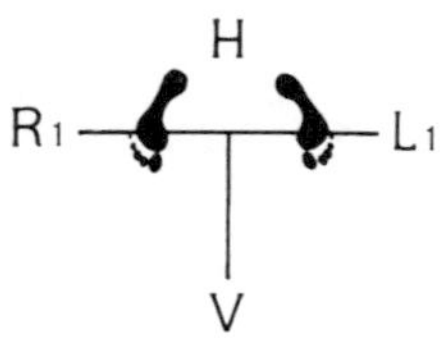


**1.**

a) Den linken Fuß in Richtung **L1** setzen, den Körper nach links drehen
b) Links **Ap-gubi**
c) Links **Arae-makki**

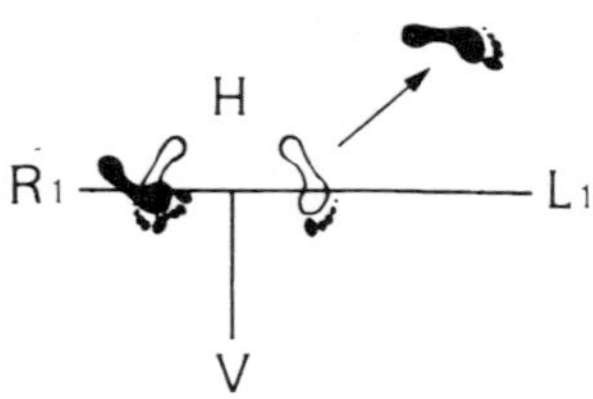

2a ➤

2b

**2.**

a) Rechts **Ap-chagi** treten, den Fuß wieder zurücksetzen

b) Rechts **Dwit-gubi** in Richtung **L1**

c) Links **Bakkat-palmok-momtong-makki**

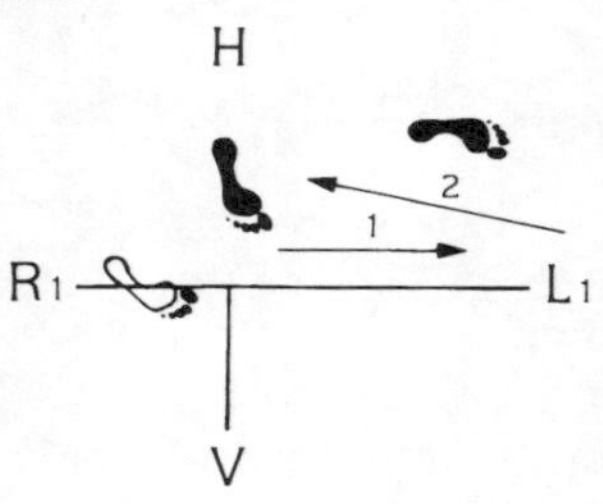

**4.**

a) Links **Ap-chagi** treten, den Fuß wieder zurücksetzen
b) Links **Dwit-gubi** in Richtung **R1**
c) Rechts **Bakkat-palmok-momtong-makki**

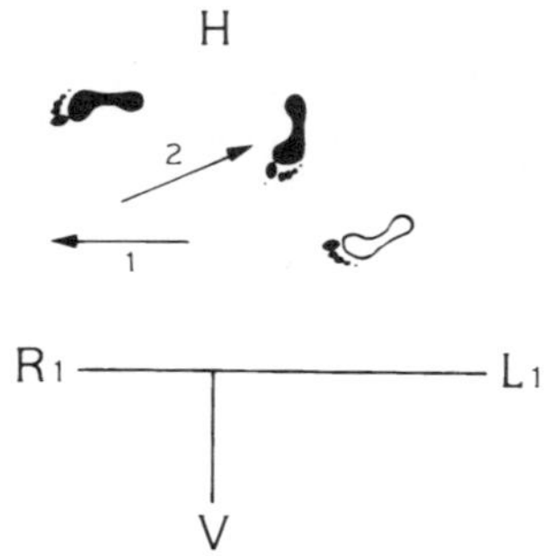

1 ➤

Anwendung zu Bewegungen 1. und 2. (1–2b)

4b

4a ➤

2a ➤

2b

3 ➤

**3.**

a) Auf dem linken Fuß nach rechts in Richtung **R1** wenden
b) Rechts **Ap-gubi**
c) Rechts **Arae-makki**

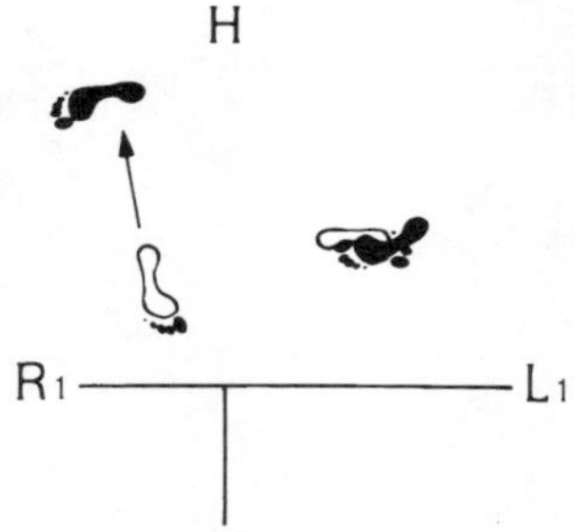

5b ➤

5c ➤

**5.**

a) Auf dem rechten Fuß nach links drehen, den linken Fuß in Richtung **V** setzen

b) Links **Ap-gubi**

c) Rechts **Jebipum-hansonnal-olgul-makki**

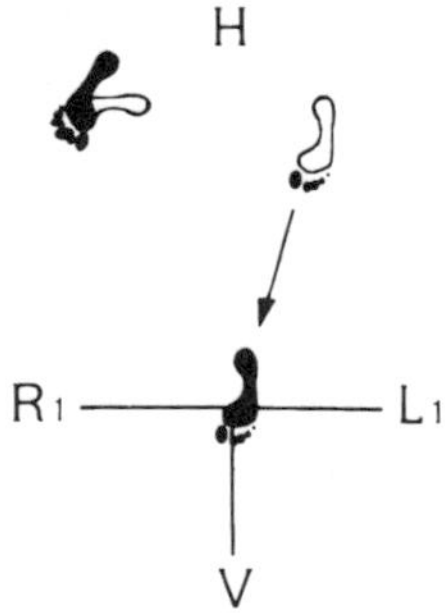

6a ➤

6b ▼

**6.**

a) Rechts **Dolyŏ-chagi** treten, in Richtung **V** absetzen

b) **Juchum-sŏgi**

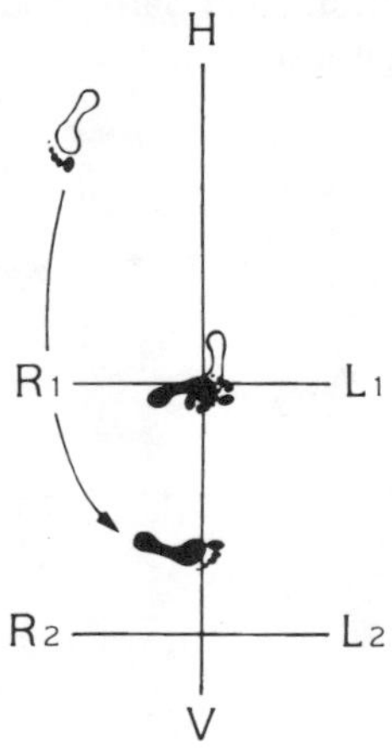

6b Aus Richtung **L1**

Bewegungsfolge 5. und 6. mit Anwendung von Selbstverteidigung

1 ➤

**7.**

a) Nach dem Absetzen links schnell in Richtung **L2** vorgehen
b) Links **Ap-gubi**
c) Links **Bakkat-palmok-olgul-makki**, rechts **Momtong-baro-jirŭgi** in schneller Folge ausführen

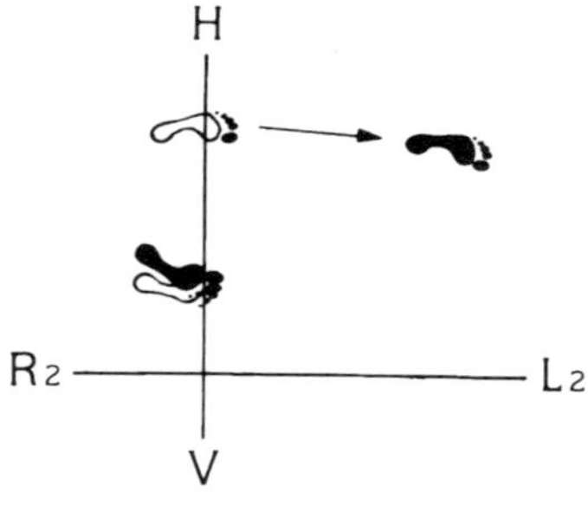

2 ➤

3

7a ➤

7b

Bewegung und Haltung des
Bakkat-palmok-ŏlgul-makki (1a–2b)

1a ➤

2a ➤

1b ➤

2b

**8.**

a) Rechts **Ap-chagi** treten und den Fuß in Richtung **L2** absetzen
b) Rechts **Ap-gubi**
c) Links **Baro-jirŭgi**

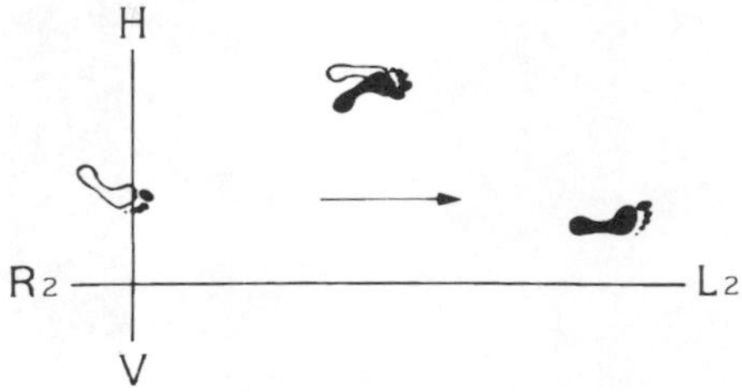

8a ➤

8b

Bewegungsablauf von 7. und 8. im Selbstverteidigungsbeispiel

1 ▼

2 ➤

4

3 ▲

10b

10a ➤

**10.**

a) Links **Ap-chagi** treten, in Richtung **R2** absetzen

b) Links **Ap-gubi**

c) Rechts **Baro-jirŭgi**

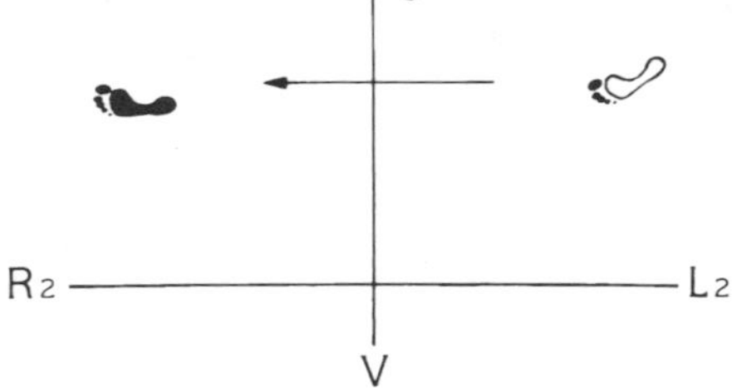

9b ➤

9a ➤

**9.**

a) Auf dem linken Fuß nach rechts drehen und den rechten Fuß in Richtung **R2** setzen

b) Rechts **Ap-gubi**

c) Rechts **Bakkat-palmok-olgul-makki** und rechts **Momtong-baro-jirŭgi** in schneller Folge ausführen

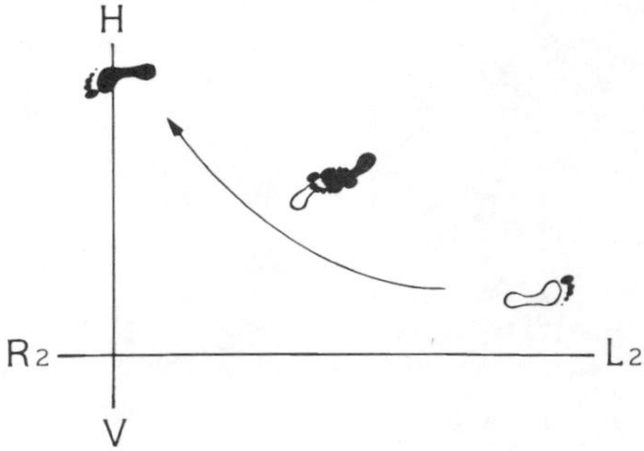

**11.**

a) Auf dem rechten Fuß nach links drehen, bis das Gesicht in Richtung **V** zeigt

b) **Pyŏnhi-sŏgi**

c) **Arae-hechyŏ-makki** (langsam und konzentriert ausführen)

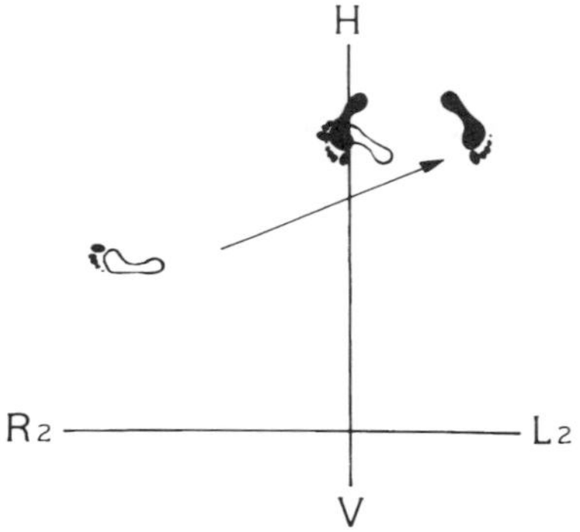

11a ➤

11b ➤

11c

Anwendung

1 ➤

2

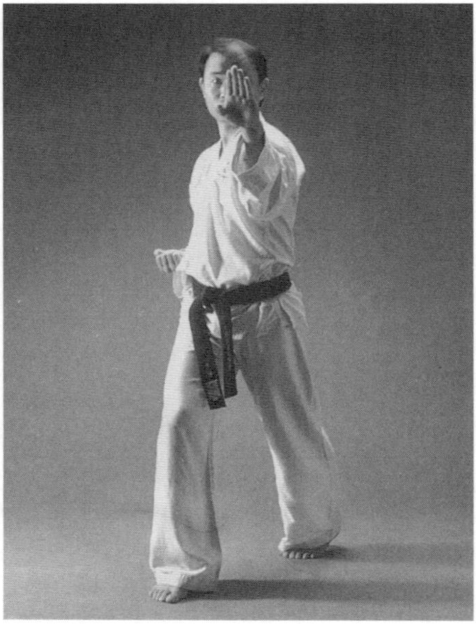

12 ➤

13a ➤

**12.**

a) Rechts in Richtung **V** vorgehen
b) Rechts **Ap-gubi**
c) Links **Jebipum-hansonnal-makki**

**13.**

a) Links **Dolyŏ-chagi** mit **Gihap** treten und schnell in Richtung **V** absetzen
b) **Juchum-sŏgi**

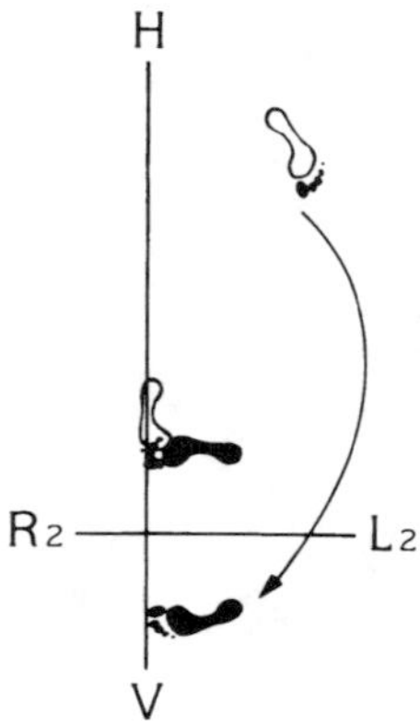

13b ➤

14

13b Aus Richtung **R3**

**14.**

a) Nach dem Absetzen auf dem linken Fuß schnell nach rechts drehen, den rechten Fuß in Richtung **L3** absetzen

b) Rechts **Ap-gubi**

c) Rechts **Arae-makki**

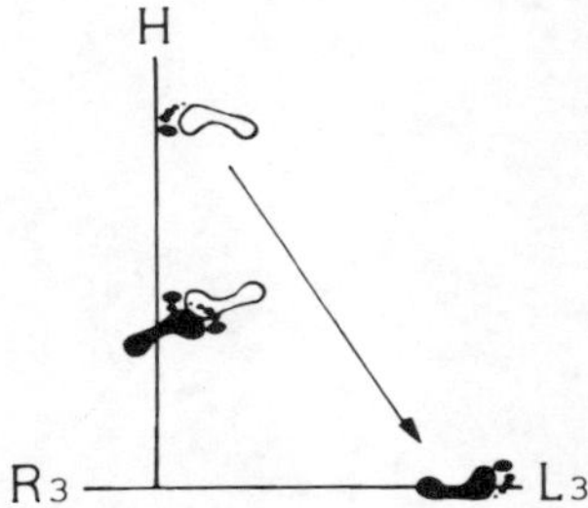

17b

## 17.

a) Rechts **Ap-chagi** treten, wieder zurücksetzen
b) Rechts **Dwit-gubi** in Richtung **R3**
c) Links **Bakkat-palmok-momtong-makki**

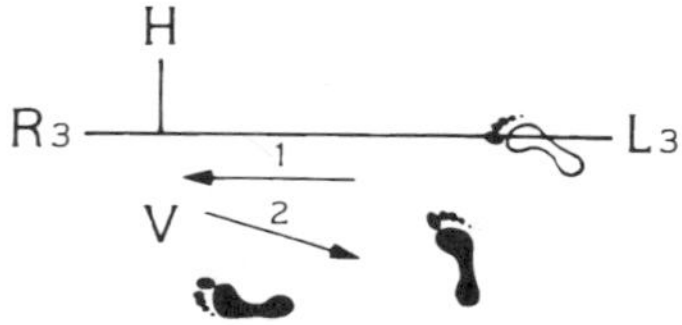

17a

16

**16.**

a) Auf dem rechten Fuß nach links in Richtung **R3** wenden
b) Links **Ap-gubi**
c) Links **Arae-makki**

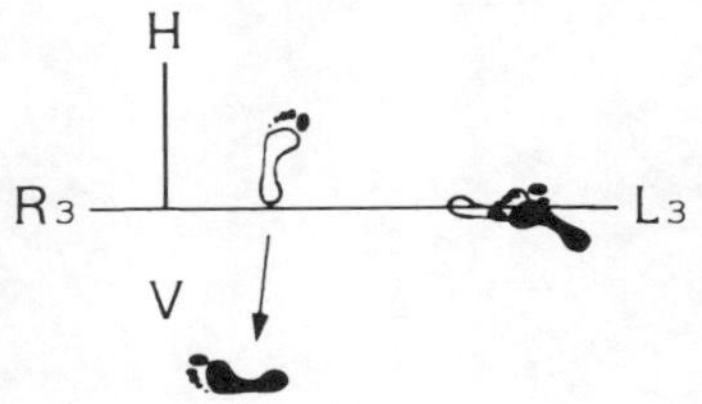


**15.**

a) Links **Ap-chagi** treten, wieder zurücksetzen
b) Links **Dwit-gubi** in Richtung **L3**
c) Rechts **Bakkat-palmok-momtong-makki**

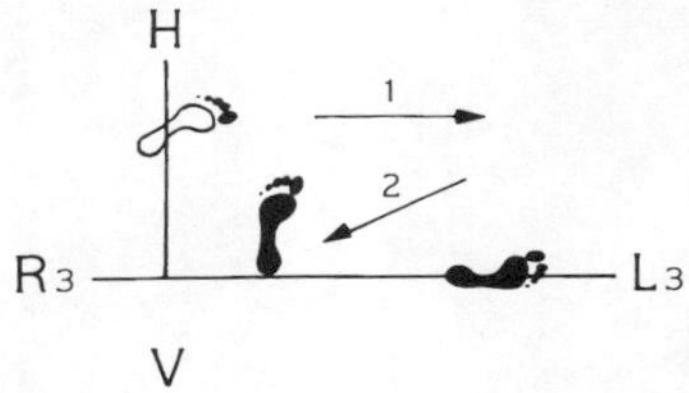

15b ➤

15a ➤

18 ➤

19 ➤

**18.**

a) Auf dem linken Fuß nach links drehen, den rechten Fuß in Richtung **H** setzen
b) Rechts **Dwit-gubi** in Richtung **V**
c) **Sonnal-makki**

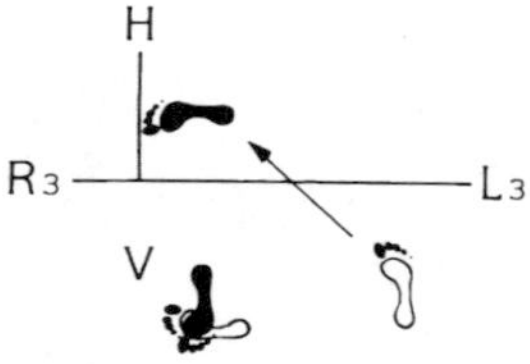


**19.**

a) Mit dem Gesicht in Richtung **V** stehen, den linken Fuß in Richtung **H** zurücksetzen
b) Links **Dwit-gubi**
c) **Sonnal-makki**

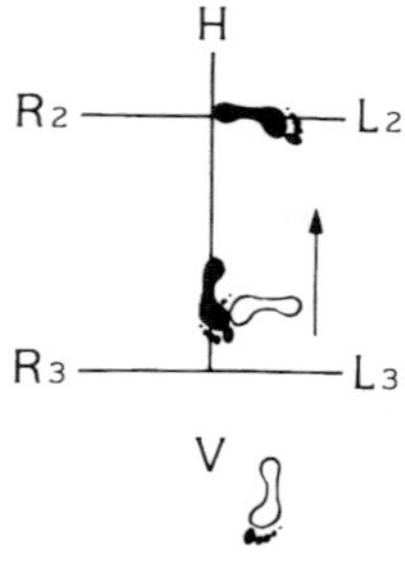

20a ➤

20b ▼

## 20.

a) Mit dem Gesicht in Richtung **V** stehen, den rechten Fuß zurücksetzen in Richtung **H**
b) Links **Ap-gubi**
c) Links **Batangson-momtong-makko,** rechts **Momtong-baro-jirŭgi** in schneller Folge ausführen

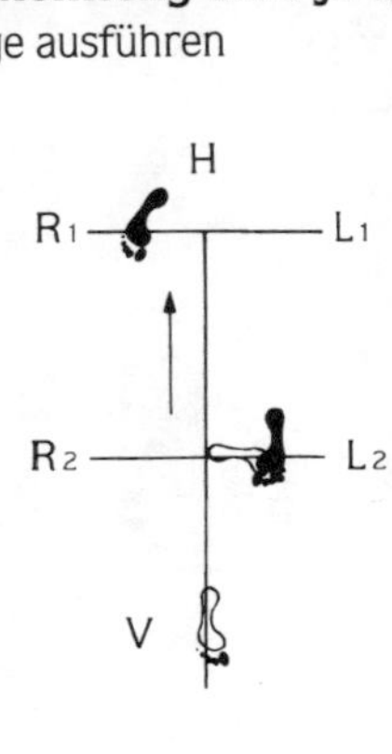

20c

Bewegung 20 als Selbstverteidigungsbeispiel (1–2)

1 ▼

2

**21.**

a) Mit dem Gesicht in Richtung **V** stehen, dann den linken Fuß zurücksetzen in Richtung **H**
b) Rechts **Ap-gubi**
c) Rechts **Batangson-momtong-makko,** links **Momtong-baro-jirŭgi** in schneller Folge ausführen

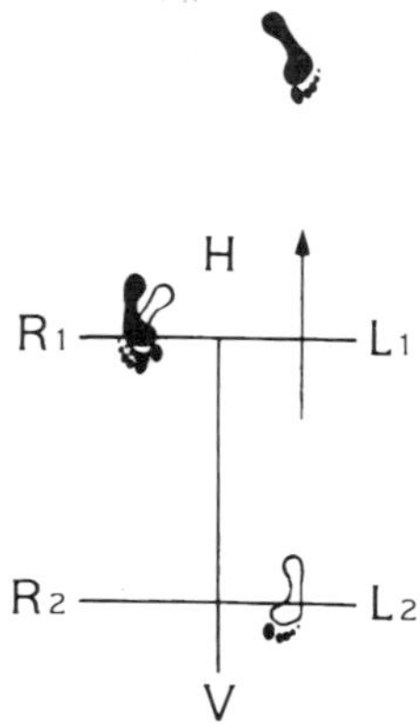


**Gŭman**

a) Mit dem Gesicht in Richtung **V** stehen, den linken Fuß vorziehen
b) **Pyŏnhi-sŏgi**
c) **Gibon-junbi**

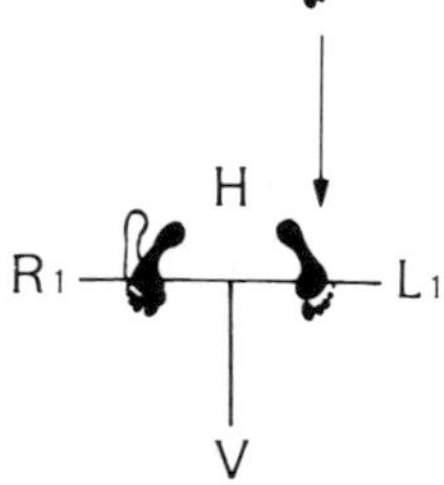

21a ➤

21b ▼

Gŭman 2

Gŭman 1 ◄

# Taegŭk-chil-jang

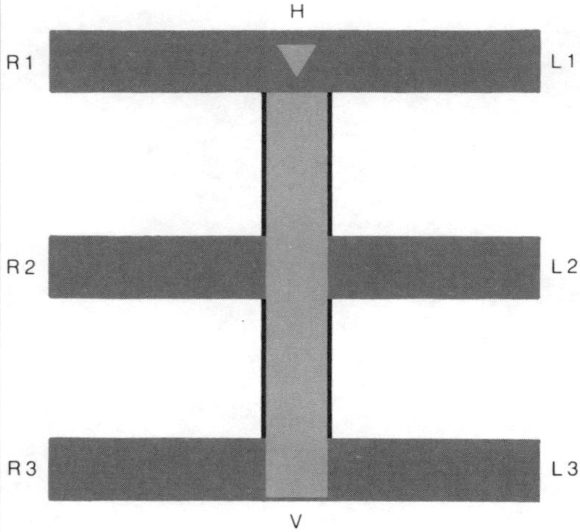


Den soliden, ruhenden Berg symbolisiert das Zeichen des *Taegŭk-chil-jang.* Es bedeutet auch feststehend und oberster Haltepunkt. Ein Berg steht unverrückbar fest, und der Mensch trachtet, seine Festigkeit dadurch zu erringen, daß er geht, wenn er muß, und anhält, wenn dies geboten ist.

Von diesen Gedankengängen ist *Taegŭk-chil-jang* durchdrungen. Eine ganze Reihe unterschiedlich stabiler Stellungen und kraftvoller und schneller Bewegungen versuchen, das Streben der Menschen nach Stabilität und Sicherheit im Leben zu dokumentieren.

Im Sinne des Berg-Symbols drücken die Bewegungen der *Taegŭk-chil-jang* neben der notwendigen Bewegung auch den ebenso notwendigen Halt aus. Die Freiheit der Bewegung wird durch die Aufnahme des *Bŏmsŏgi* in die Form aufgezeigt.

# Techniken zu Taegŭk-chil-jang

## Bŏm-sŏgi

*Bŏm-sŏgi* – die Tiger-Stellung – kann zugleich als spannungsgeladen und als entspannt bezeichnet werden: Die Standbeinseite ist voller Spannung im Bein, während das auf dem Fußballen leicht abgestützte vordere Bein völlig entspannt ist. In dieser Stellung wird sehr deutlich die Lauerhaltung sichtbar, die auch dem Tiger auf der Jagd eigen ist, was die Bezeichnung *Bŏm-sŏgi* verdeutlichen will. Aus *Bŏm-sŏgi* sind fast alle Teakwondo-Techniken schnell und sicher auszuführen.

Wichtig ist, daß der Fuß des Standbeins nicht zuviel nach außen gerichtet ist, sondern nur leicht. Das ganze Körpergewicht wird vom hinteren Bein getragen. Das Knie ist stark gebeugt und befindet sich über den Fußzehen.

Das vordere Stützbein berührt nur mit dem Fußballen leicht den Boden und ist so weit gebeugt, daß die Entfernung von den Zehenspitzen des Standbeins zu den Zehenspitzen des Stützbeins etwa anderthalb Fußlängen beträgt. Beide Füße stehen auf einer nach vorne gedachten Linie.

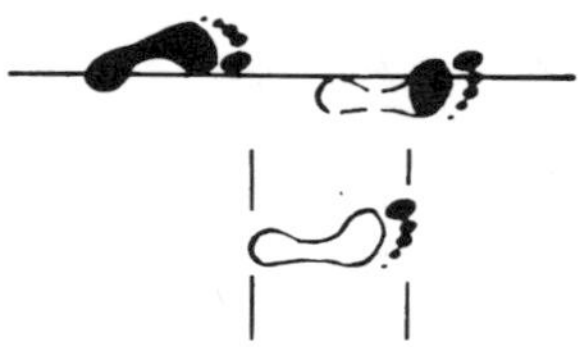

Der Oberkörper ist dabei in einer natürlichen Vorwärtshaltung gerade aufgerichtet.

TAEKWONDO
KOREA

## Gawi-makki

*Gawi-makki* heißt Scherenblock. Die Bezeichnung wurde gewählt, weil sich die Arme bei der gleichzeitigen Ausführung zweier verschiedener Blocks „überscheren". Mit dem einen Arm wird *Arae-makki* und mit dem anderen Arm gleichzeitig *An-palmok-momtong-makki* ausgeführt, wobei der *An-palmok-makki* immer außen geführt wird.

Bei *Gawi-makki* kann die Unterleibsabwehr auch mit der Faust erfolgen. Wird *Arae-makki* auf der Seite des hintenstehenden Beines ausgeführt, dann heißt der Block *Bandae-gawi-makki.* Steht Arae-makki über dem vorderen Bein, wird er *Baro-gawi-makki* genannt.

## An-palmok-makki

*An-palmok-makki* ist der Körperblock mit dem inneren Unterarm. Die Faust des Blockarms beginnt an der gegenüberliegenden Hüfte mit dem Faustrücken nach oben, die Faust des zurückgehenden Arms an der Schulter des Blockarms. Den Ellenbogen als Drehpunkt, wird nun die Faust des Blockarms in einem Halbkreis nach oben geführt, bis das Handgelenk Schulterhöhe erreicht hat und auf einer von der Blockarmschulter nach vorne gedachten Linie gestoppt wird. Während des Blockverlaufs dreht sich der Faustrücken nach vorne. Der Armwinkel zwischen dem Ober- und Unterarm beträgt in der Endstellung 90°.

1 ➤

Anwendung

A

2 ➤

3

3 Seitenansicht

## Momtong-hechyŏ-makki

Mit *Momtong-hechyŏ-makki* kann beispielsweise ein Würgeangriff gesprengt werden. Er wird mit den beiden Außenseiten der Unterarme gleichzeitig ausgeführt.

*Momtong-hechyŏ-makki* beginnt wie *Arae-hechyŏ-makki* mit vor der Brust gekreuzten Armen, deren Handrücken nach vorne gedreht sind. Die Fäuste werden auseinanderstrebend nach vorne gestoßen und die Unterarme auswärts gedreht, bis die Außenseiten der Unterarme nach außen gerichtet sind. Auch die Oberarme sind nach vorne und leicht auswärts gerichtet. Die Ellenbogen sind in der Endstellung leicht gebeugt, die Handgelenke befinden sich in Höhe der Schultern, und die Fäuste sind etwa eine Kopfbreite voneinander entfernt.

1 ➤

1 ➤

2 ➤

3

2 ➤

3

## Murŭp-chigi

Getreten wird der *Murŭp-chigi* wie der Beginn von *Ap-chagi:* Knie hochreißen und beugen.

In der *Taegŭk-chil-jang* wird zusätzlich ein gleichzeitiges Herunterreißen beider Hände zum Knie verlangt (den gegnerischen Kopf zum Knie herunterziehen). Die beiden Bewegungen werden in jedem Fall zusammen – nicht hintereinander! – ausgeführt. Dabei wird der Kopf des Gegners mit senkrecht gestellten offenen Händen ergriffen und in einer Bewegung mit dem *Murŭp-chagi* zum Knie heruntergezogen.

1 ➤

2

1 ➤

2

## Du-jumŏk-jŏchyo-jirŭgi

Zwei Begriffe prägen diese Technik: *Du-jumŏk* – Doppelfaust, und *Jŏchyo-jirŭgi* – umgedrehter Fauststoß. Während beim gewöhnlichen *Jŏchyo-jirŭgi* die eine Faust stößt und die andere zurückgezogen wird, stößt man bei *Du-jumŏk-jŏchyo-jirŭgi* mit beiden Fäusten gleichzeitig. Als Ziel dienen hauptsächlich die kurzen Rippen und der Unterleib.

Die Technik beginnt mit nach oben gedrehten Handrücken an den Hüften. Beim Vorwärtsstoßen werden die Fäuste mit den Handrücken nach unten gedreht und die Ellenbogen zur Endstellung an die Seiten des Rumpfes gepreßt.

Der Oberkörper bleibt dabei in aufrechter Haltung.

1 ➤

1 ➤

2 ➤

3

2 ➤

3

## Ŏtgŏrŏ-arae-makki

Der Unterleibs-Kreuzblock beginnt ähnlich wie *Du-jumŏk-jŏchyo-jirŭgi* mit beiden Fäusten an den Hüften, allerdings mit nach unten gedrehten Faustrücken. Von dort aus werden die Fäuste gleichzeitig nach unten gestoßen, bis sie sich an den Handgelenken kreuzen. Dabei drehen sich die Arme so, daß die Faustrücken in der Endstellung gegeneinander gerichtet sind.

Auch hier bleibt der Oberkörper in aufrechter Haltung.

## Dŭng-jumŏk-ŏlgul-bakkat-chigi

Der nach außen geschlagene Rückfaustschlag beginnt wie der in *Taegŭk-oh-jang* beschriebene *Dŭng-jumŏk-ape-chigi.* Sein Ziel liegt aber seitlich des Körpers. Deshalb zeigt der Faustrücken nach einer vorher durchgeführten Halbkreisbewegung von innen nach außen in der Endstellung nach auswärts. In der Endstellung kann der Arm gestreckt oder leicht angewinkelt sein.

Die Bewegung der Faust endet bei einer nach vorne ausgerichteten Stellung auf einer von der Schulterkante nach vorne gedachten Linie. Bei einer seitlich ausgerichteten Stellung auf der Achse der Schultern.

1 ➤

2

1 ➤

2

1 ➤

2

## Pyojŏk-chagi

Beim *Pyojŏk-chagi* wird mit der Sohle eines Fußes gegen die Handfläche der gegenüberliegenden Hand getreten. Der Tritt selbst nennt sich *Sewŏ-an-chagi*, was Senkrechttritt bedeutet und nichts anderes heißt, als daß mit einem senkrechtstehenden Fuß getroffen wird.

Der Tritt erfolgt, indem der angewinkelte Fuß bei gestrecktem oder gebeugtem Knie von seinem Standplatz einfach in einem nach innen oder nach außen gerichteten Bogen zum Ziel hochgerissen wird. Wird der Fuß nach außen geschwungen, heißt der Tritt *Sewŏ-bakkat-chagi*.

1 ➤

2 ➤

3

2b ➤

3b

J ➤

1 ➤

**Junbi**

a) Mit dem Gesicht in Richtung **V** stehen, den linken Fuß zur Seite stellen
b) **Pyŏnhi-sŏgi**
c) **Gibon-junbi**

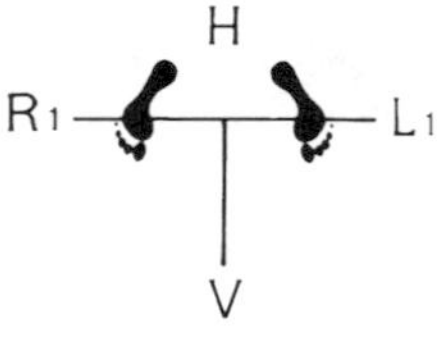


**1.**

a) In Richtung **L1** drehen
b) Links **Bŏm-sŏgi**
c) Rechts **Batangson-momtong-makki**

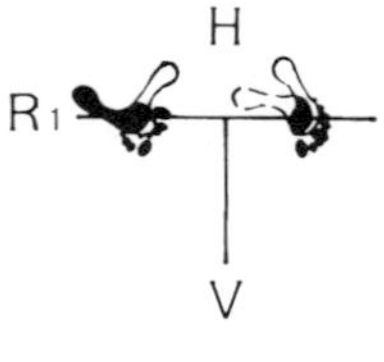


**2.**

a) Rechts **Ap-chagi** treten, wieder zurücksetzen
b) Links **Bŏm-sŏgi**
c) Links **Momtong-an-makki**

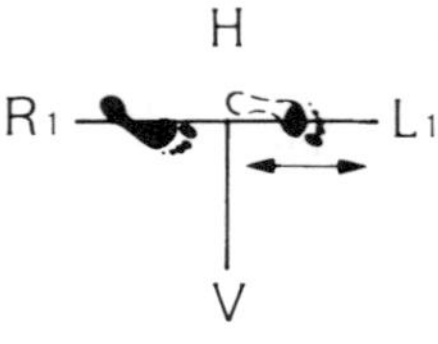

2 ▼

3

Anwendung

1 ▼

2 ▼

3

5 ▼

4b ◄

6

**5.**

a) Den linken Fuß in Richtung **V** setzen
b) Rechts **Dwit-gubi**
c) **Sonnal-arae-makki**

(6.)

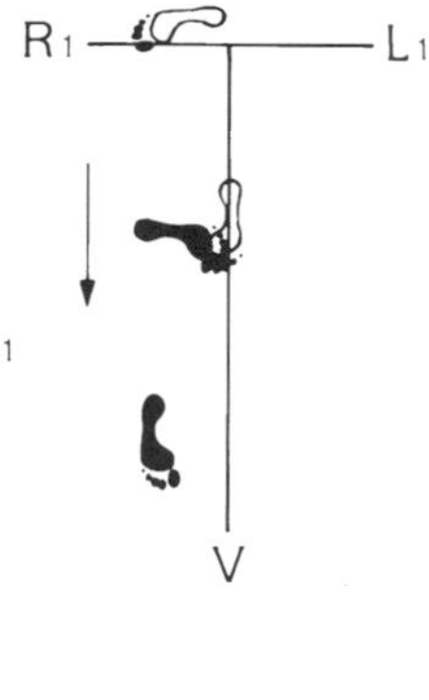


(5.)

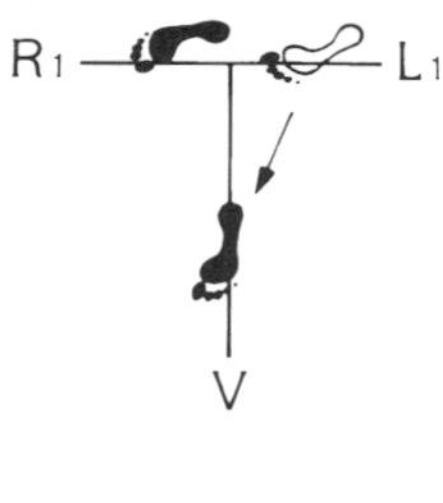

4a ➤

**4.**

a) Links **Ap-chagi** treten, wieder zurücksetzen
b) Rechts **Bŏm-sŏgi**
c) Rechts **Momtong-an-makki**

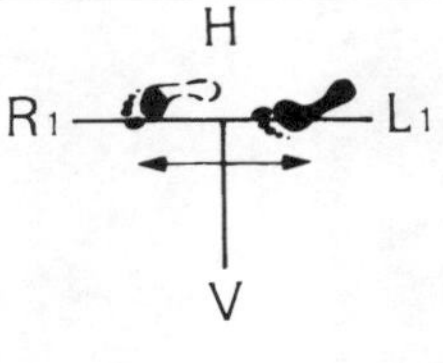


**6.**

a) Rechts in Richtung **V** vorgehen
b) Links **Dwit-gubi**
c) **Sonnal-arae-makki**

3 ➤

**3.**

a) Auf dem linken Fußballen in Richtung **R1** wenden
b) Rechts **Bŏm-sŏgi**
c) Links **Batangson-momtong-makki**

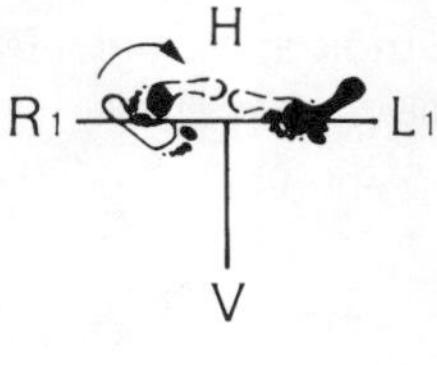

7a ➤

7b ➤

**7.**

a) Den linken Fuß in Richtung **L2** setzen

b) Links **Bŏm-sŏgi**

c) Rechts **Batangson-momtong-an-makko** (linker *Dŭng-jumŏk* kommt unter den rechten Ellenbogen), rechts **Dŭng-jumŏk-ape-chigi** (linker *Dŭng-jumŏk* bleibt, wo er war) in schneller Folge ausführen

1 ➤ Anwendung von 7

7c ➤

7d

2 ➤

3

8a ➤

**8.**

a) Auf der Stelle nach rechts in Richtung **R2** wenden

b) Rechts **Bŏm-sŏgi**

c) Links **Batangson-momtong-an-makko** (rechter *Dŭng-jumŏk* kommt unter den linken Ellenbogen), links **Dŭng-jumŏk-ape-chigi** (rechter *Dŭng-jumŏk* bleibt, wo er war) in schneller Folge ausführen

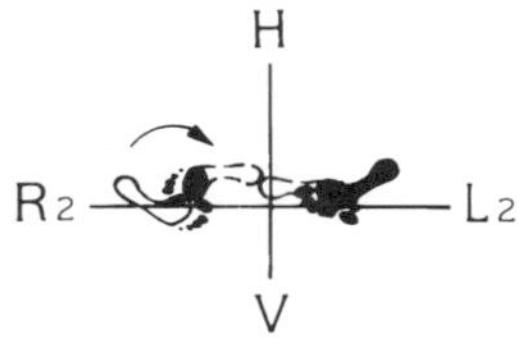

8b ➤

9a ➤

**9.**

a) Mit dem Gesicht in Richtung **V** stehen, nachdem der linke Fuß zum rechten gezogen wurde

b) **Moa-sŏgi**

c) **Bo-jumŏk** vor dem Kinn formen (beim Formen erst ein-, dann ausatmen; die rechte Hand umspannt die linke Faust zwei Handbreiten vom Gesicht entfernt)

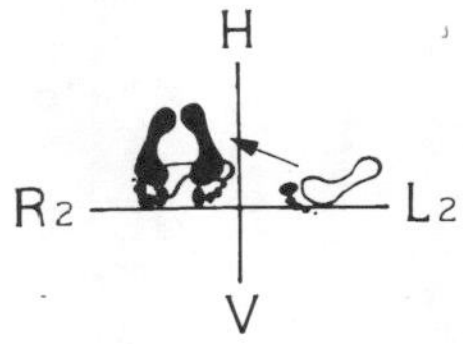


**Bo-jumŏk**

*Bo-jumŏk* ist eigentlich eine alte ostasiatische, wohl aus dem Chinesischen stammende Grußformel. Die leere rechte Schwerthand umspannt dabei die geschlossene linke Faust. Diese Grußform soll die Friedfertigkeit zeigen, und im Falle von Feindseligkeiten aber auch die Bereitschaft, die Waffe freizugeben.
Geformt wird *Bo-jumŏk*, indem die linke Faust und die offene rechte Hand sich langsam im Abstand einer Handspanne auf Solarplexushöhe treffen und, während beide langsam auf Kinnhöhe gebracht werden, sich die rechte Hand um die linke Faust schließt.
*Bo-jumŏk* ist als Konzentrationsübung für *Taegŭk-chil-jang* gedacht.

9b

9b aus **R2**

10a ➤

10b ➤

**10.**

a) Links in Richtung **V** vorgehen

b) Links **Ap-gubi**

c) **Bandae-,** dann **Baro-gawi-makki** (zuerst rechts, dann links *Arae-makki)* in schneller Folge ausführen

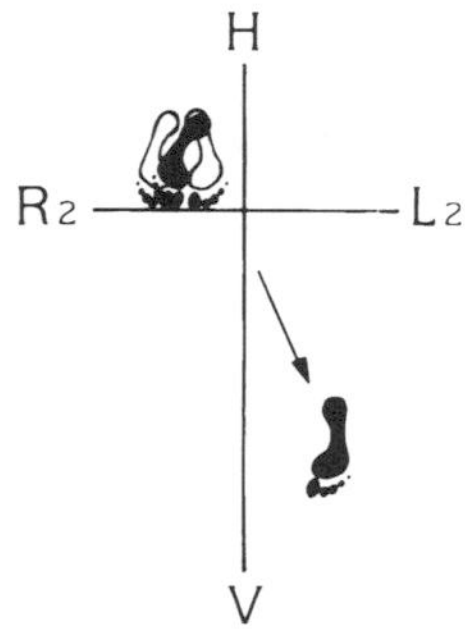

10c ➤

10d ➤

**11.**

a) Rechts in Richtung **V** vorgehen

b) Rechts **Ap-gubi**

c) **Bandae-,** dann **Baro-gawi-makki** (zuerst links, dann rechts *Arae-makki)* in schneller Folge ausführen

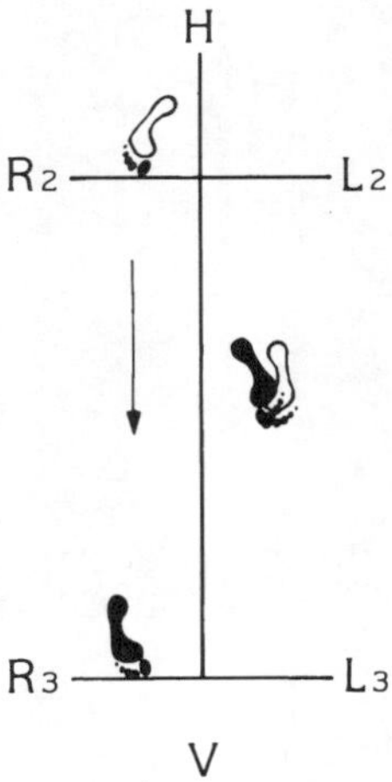

11d

11c ▲

11a ►

11b ▲

13c

13b

14

**14.**

a) Mit dem Gesicht in Richtung **R3** stehen, linken Fuß zurücksetzen
b) Rechts **Ap-gubi**
c) **Ŏtgŏrŏ-arae-makki** (schnell)

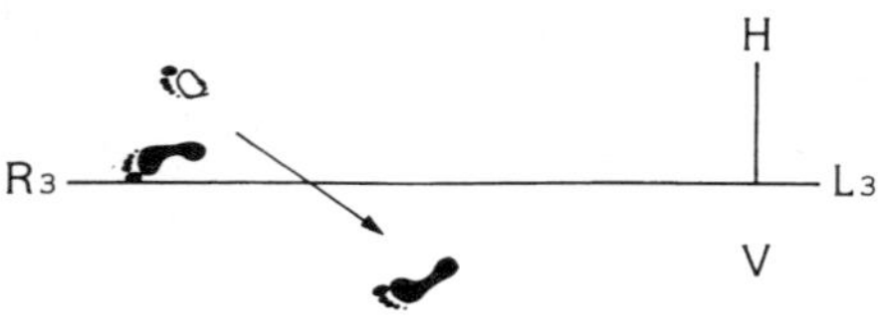

13a ➤

## 13.

a) Mit dem rechten Knie **Murŭp-chigi** treten, dann in Richtung **R3** vorspringen
b) Rechts **Koa-sŏgi**
c) **Du-jumŏk-momtong-jŏchyo-jirŭgi** (schnell)

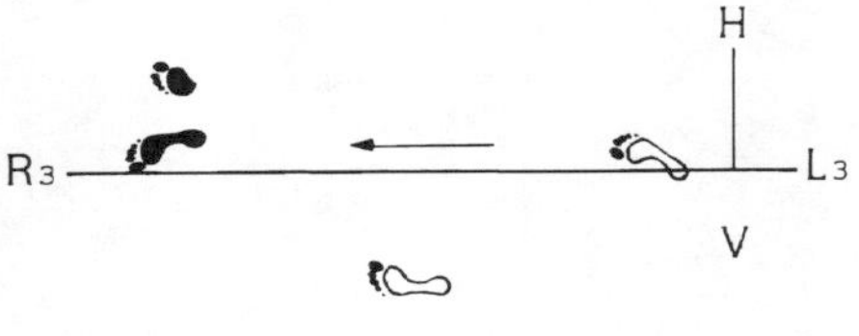

12 ➤

## 12.

a) Auf dem rechten Fuß linksherum drehen, den linken Fuß in Richtung **R3** setzen
b) Links **Ap-gubi**
c) **Momtong-hechyŏ-makki**

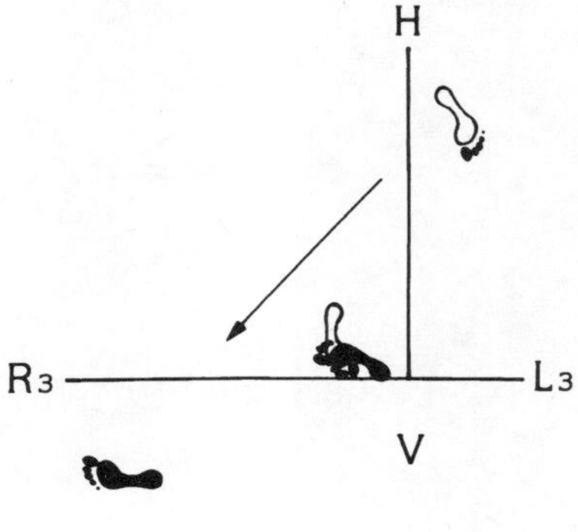

1 ➤

2 ➤

Mögliche Anwendung der Bewegungen 12 und 14 (1–6)

3

4

6

5

15 ➤

16 ➤

**15.**

a) Auf dem linken Fuß rechtsherum wenden, den rechten Fuß in Richtung **L3** setzen
b) Rechts **Ap-gubi**
c) **Momtong-hechyŏ-makki**

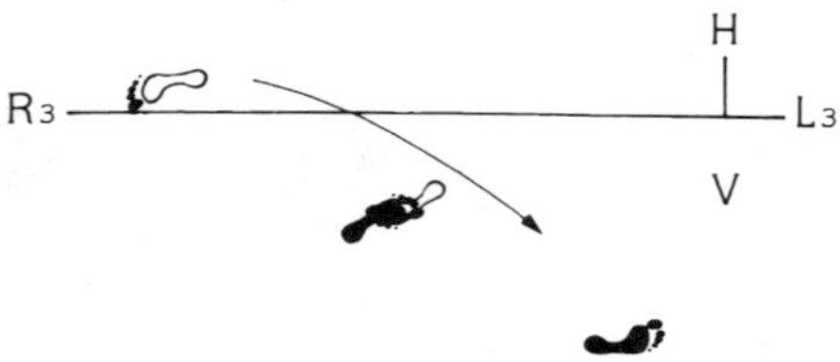


**16.**

a) Links **Murŭp-chigi** treten, dann in Richtung **L3** vorspringen
b) Links **Koa-sŏgi**
c) **Du-jumŏk-momtong-jŏchyo-jirŭgi** (schnell)

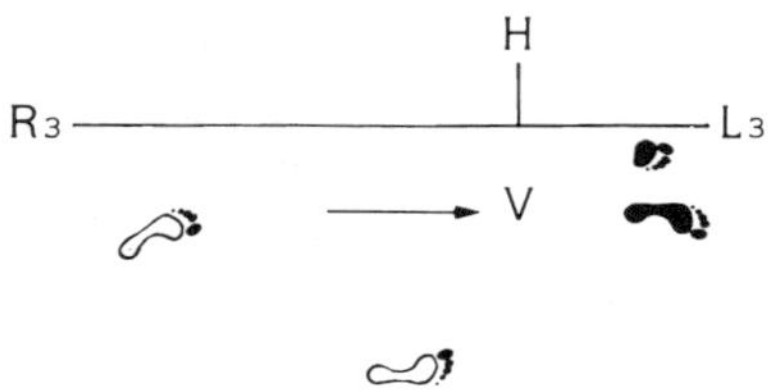

17a ➤

17b

**17.**

a) Mit dem Gesicht in Richtung **L3** stehen, rechten Fuß zurücksetzen
b) Links **Ap-gubi**
c) **Ŏtgŏrŏ-arae-makki** (schnell)

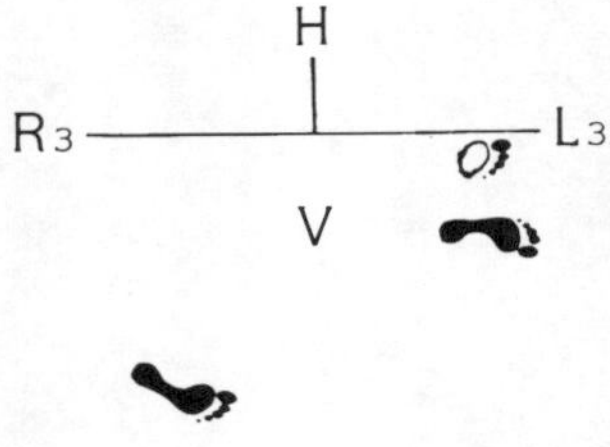

**18.**

a) Den linken Fuß in Richtung **H** setzen, dabei den Körper aufrichten

b) Links **Ap-sŏgi**

c) Links **Dŭng-jumŏk-ŏlgul-pakkat-chigi**

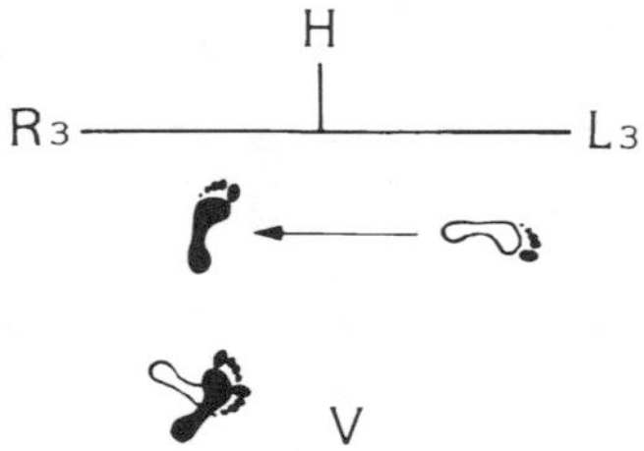

18 ➤

**19.**

a) Rechts **Pyojŏk-chagi** gegen die ausgestreckte linke Hand treten, in Richtung **H** absetzen

b) **Juchum-sŏgi**

c) Rechts **Palkup-pyojŏk-chigi**

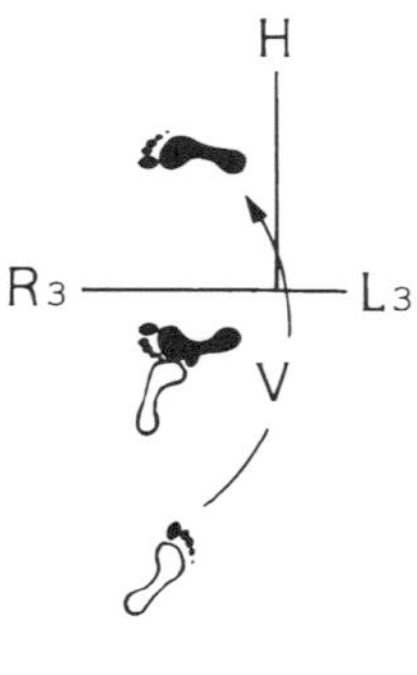

18 Aus Richtung **H**

19a ➤

19c

19a Aus Richtung **H**

19b Aus Richtung **H** in Vorbereitung

**20.**

a) Körper in Richtung **H** aufrichten, dabei den linken Fuß heranziehen
b) Rechts **Ap-sŏgi**
c) Rechts **Dŭng-jumŏk-ŏlgul-pakkat-chigi**

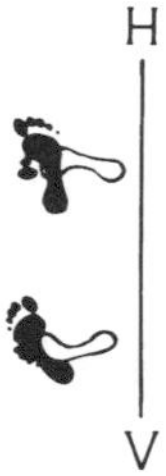

20

Selbstverteidigungsbeispiel für Bewegungen 18 und 19 (1–5)

1 ➤

2 ➤

20 Aus Richtung **H**

5

3 ➤

4 ▲

**21.**

a) Links **Pyojŏk-chagi** treten, in Richtung **H** absetzen
b) **Juchum-sŏgi**
c) Links **Palkup-pyojŏk-chigi**

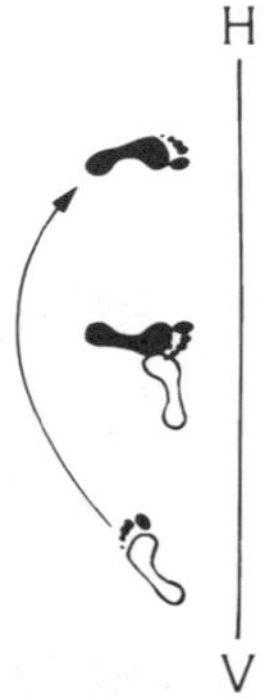

21 a ➤

**22.**

a) Unverändert
b) Unverändert
c) Links **Hansonnal-momtong-yŏp-makki**

21 a Aus Richtung **H**

21 b ➤

22

21 b Aus Richtung **H**

22 Aus Richtung **H**

## Hansonnal-yŏp-makki

*Hansonnal-yŏp-makki* wird genauso ausgeführt wie *Hansonnal-makki* in *Dwit-gubi*, nur daß hier die Schultern mit dem Handgelenk in der Endstellung eine Linie bilden.

## Jumŏk-yŏp-jirŭgi

*Jumŏk-yŏp-jirŭgi* wird im Gegensatz zum herkömmlichen *Jirŭgi* nicht nach vorne, sondern seitwärts ausgeführt. Die Stoßrichtung ist die verlängerte Schulterachse bei bereits beschriebener Fausttechnik des *Jirŭgi*.

23a Aus Richtung **H** ➤

23b Aus Richtung **H** ➤

**23.**

a) Rechts in Richtung **H** vorgehen

b) **Juchum-sŏgi**

c) Rechts **Jumŏk-yŏp-jirŭgi** mit **Gihap,** dabei die linke Hand mit einer Greifbewegung zur Taille ziehen

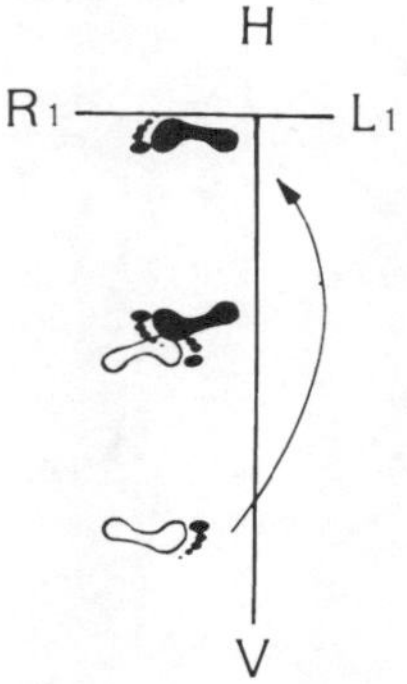

23d

23c Aus Richtung **H** ➤

23d Aus Richtung **H**

**Gŭman**

a) Auf dem rechten Fuß linksherum drehen, bis das Gesicht in Richtung **V** zeigt
b) **Pyŏnhi-sŏgi**
c) **Gibon-junbi**

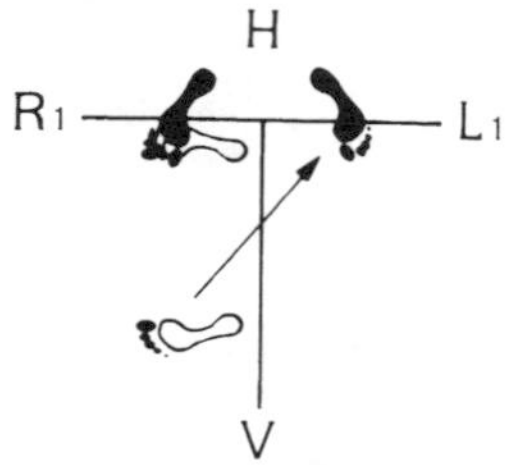

G

Mögliche Selbstverteidigung der Bewegungen 22 (1–5)

1 ➤

2 ➤

5

3 ➤

4 ▲

# Taegŭk-pal-jang

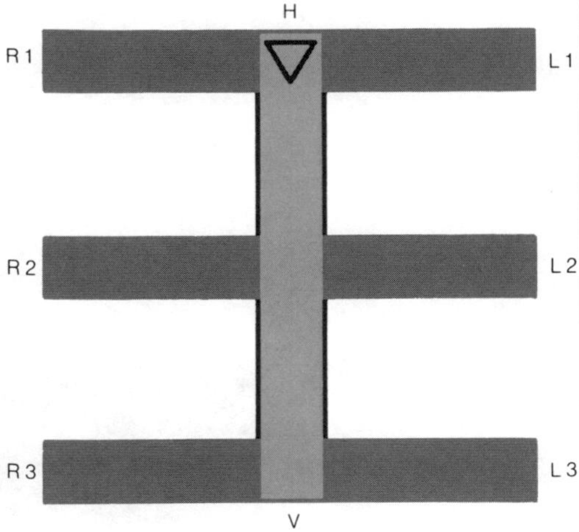


Das achte und letzte Trigramm beendet die *Taegŭk-Poomse.* Es symbolisiert die Erde. Sie empfängt den Segen des Himmels und bringt Leben hervor. Durch sie, die Mutter, ist die Schöpfung des Himmels erst möglich, denn sie ist fruchtbar und sorgt mit ihrer Fruchtbarkeit auch für das Fortbestehen und die Entwicklung des von ihr hervorgebrachten Lebens.

Dem Wachstum und dem Heranreifen ist *Taegŭk-pal-jang* gewidmet. Sie ist die letzte Stufe des Schülers auf dem Weg zum Danträger. Hier zeigen sich die Früchte der bisherigen Arbeit.

Entsprechend dem Symbol, zeigen die Bewegungen der *Taegŭk-pal-jang* Reife und verborgene Kraft. Das wird bei den beiden *Twiŏ-ap-chagi* besonders deutlich. Die Harmonie wird in den langsamen Passagen mit *Jumŏk-dangyo-tok-jirŭgi* dargestellt, die gewachsene Reife in den ineinanderfließenden Kombinationen.

# Techniken zu Taegŭk-pal-jang

3

2 ➤

## Jumŏk-dangyŏ-tŏk-jirŭgi

Unter *Jumŏk-dangyŏ-tŏk-jirŭgi* ist ein Kinnhaken mit der Faust zu verstehen, bei dem die andere Faust zur gegenüberliegenden Schulter gebracht wird. Dieses Heranziehen bedeutet entweder, daß der Gegner festgehalten und anschließend in Schlagnähe gezerrt wird, oder daß der Gegner diesen Arm festhält und auf diese Weise in den Schlagbereich gebracht wird.

1 ➤

## Bakkat-palmok-gŏdŭrŏ-makki

*Bakkat-palmok-gŏdŭrŏ-makki* wird vom Bewegungsablauf her genauso ausgeführt wie der in *Taegŭk-sa-jang* (Taekwondo perfekt 1) beschriebene *Sonnal-makki*. Lediglich die Hände sind dabei zu Fäusten geballt.

*Gŏdŭrŏ-makki* bedeutet Schutzblock oder Block mit Unterstützung, womit der vorgezogene hintere Arm gemeint ist.

1 ➤

2 ➤

3

## Oesantŭl-makki

*Oesantŭl-makki* ist ein beidarmiger Block, bei dem je ein Angriff in Unterleibs- und Gesichtshöhe hinter den Körper geprellt werden. Ein *An-palmok-ŏlgul-bakkat-makki* wird auf der einen Körperseite ausgeführt, ein *Arae-makki* auf der anderen – zur gleichen Zeit.

1 ➤

1 ➤

2 ➤

3

2 ➤

3

4

3 ◄

2 ➤

1 ➤

## Twiŏ-ap-chagi

*Twiŏ-ap-chagi* ist der Vorwärtstritt im Sprung. Da es verschiedene Arten der Trittausführung gibt, beschränken wir uns auf die Grundausführung. In der Grundausführung wird mit dem Sprungbein anschließend auch getreten. Das andere Bein dient zum Schwungholen und wird beim Absprung leicht gebeugt hochgeschwungen. Im Flug überscheren sich die Beine, und das Sprungbein führt den *Ap-chagi* aus.

Eine Steigerung davon ist *Dubaldangsang-ap-chagi*. Hier wird nacheinander mit beiden Füßen getreten: erst mit dem Schwungbein, dann mit dem Sprungbein. Beide Tritte erfolgen erst nach dem Absprung.

J ➤

1 a ➤

**Junbi**

a) Mit dem Gesicht in Richtung **V** stehen, linken Fuß zur Seite stellen
b) **Pyŏnhi-sŏgi**
c) **Gibon junbi**

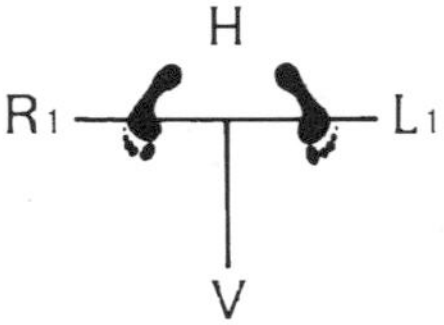


**1.**

a) Links in Richtung **V** vorgehen
b) Rechts **Dwit-gubi**
c) Links **Bakkat-palmok-gŏdŭrŏ-makki,** anschließend schnell rechts **Momtong-baro-jirŭgi** ausführen (beim **Jirŭgi** mit dem linken Fuß zu linkem **Ap-gubi** vorgleiten)

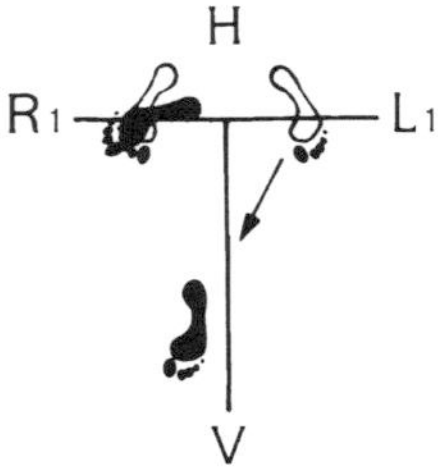


1 a/b

1b ➤

1c

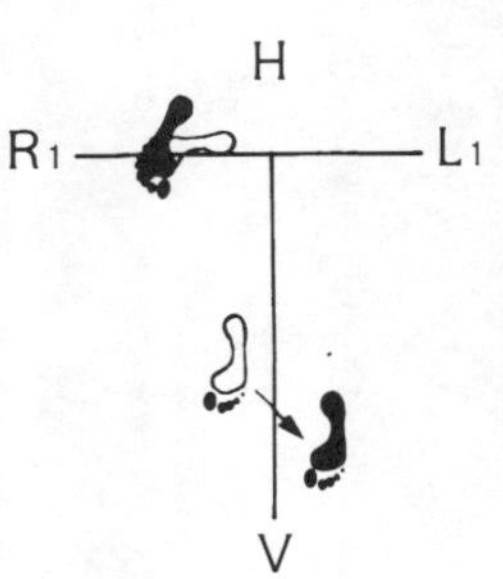


1c

2a ➤

2b ➤

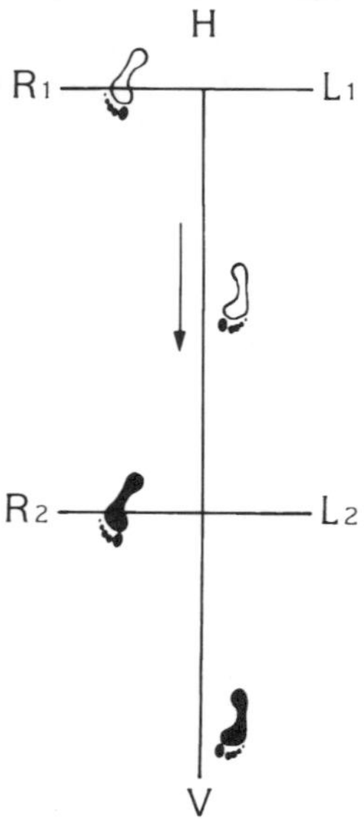


**2.**

a) Mit linkem **Dubaldangsang-ap-chagi** in Richtung **V** vorspringen – mit **Gihap**

b) Links **Ap-gubi**

c) Links **Momtong-an-makki** und anschließend rechts, links **Momtong-dubon-jirŭgi** ausführen

2h

2c ➤

2d ▼

2e ▼

2g ◄

2f ◄

**4.**

a) Auf dem rechten Fuß nach links drehen, den linken Fuß in Richtung **R3** setzen und in Richtung **R3** blicken

b) Rechts **Ap-gubi**

c) **Oesantŭl-makki:** rechts **An-palmok-ŏlgul-bakkat-makki,** links **Arae-makki**

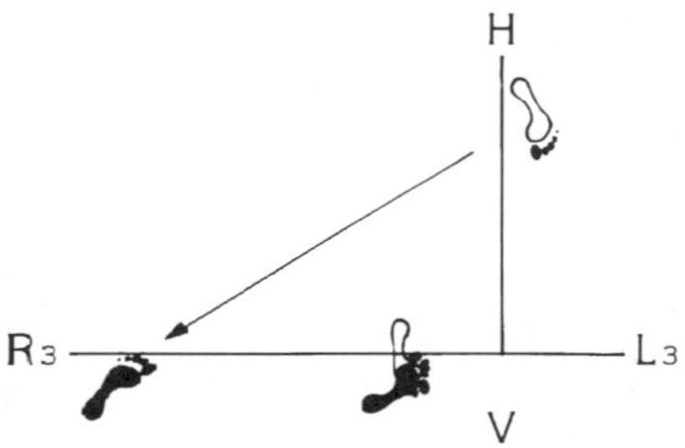

4

Selbstverteidigungsbeispiel für die Bewegungen 1 und 2 (1–4)

1 ➤

2 ➤

3 ➤

### 3.

a) Rechts in Richtung **V** vorgehen
b) Rechts **Ap-gubi**
c) Rechts **Momtong-bandae-jirŭgi**

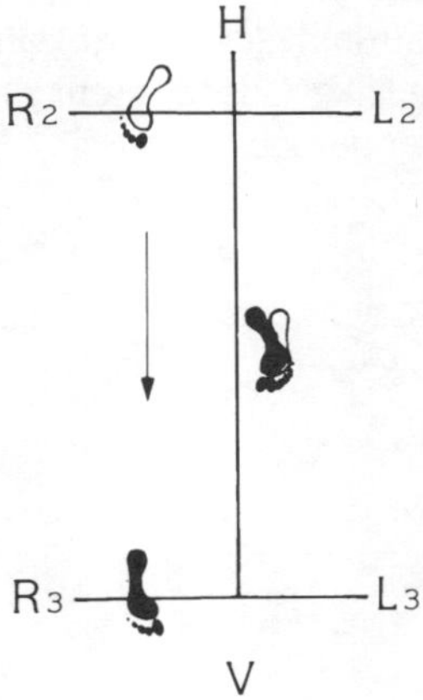

3 ➤

4

**5.**

a) Den Körper in Richtung **R3** eindrehen (auf den Fußballen drehen, ohne daß die Füße ihren Standort verlassen)
b) Links **Ap-gubi**
c) Rechts **Jumŏk-dangyo-tŏk-jirŭgi,** wobei die linke Faust langsam zur rechten Schulter gezogen wird

5a ➤

**6.**

a) Mit dem linken Fuß in Richtung **L3** vor dem rechten über Kreuz gehen (Blickrichtung **L3**), dann den rechten Fuß in Richtung **L3** setzen
b) Links **Ap-gubi** in Richtung **R3,** mit dem Blick in Richtung **L3**
c) **Oesantŭl-makki:** links **An-palmok-ŏlgul-bakkat-makki,** rechts **Arae-makki**

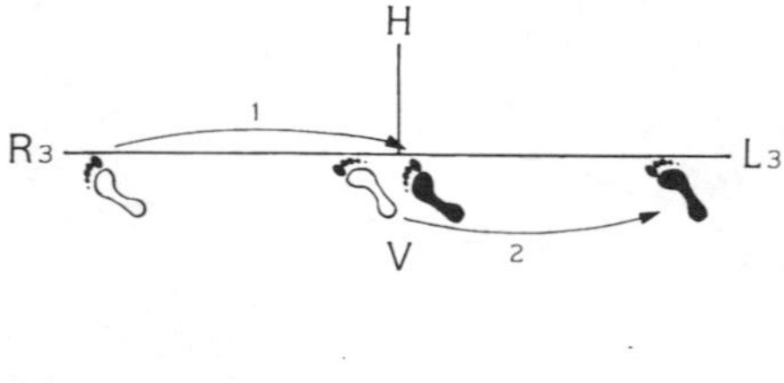

5b ➤

6a Aus Richtung **H**

6a ➤

6b

Selbstverteidigungsbeispiel für die Bewegungen 4 und 5 (1–4)

1 ➤

2 ➤

4

3 ▲

**8.**

a) Auf dem linken Fuß nach links drehen, den rechten Fuß in Richtung **H** setzen mit Blickrichtung nach **V**

b) Rechts **Dwit-gubi**

c) **Sonnal-makki**, dann rechts **Momtong-baro-jirŭgi** (schnell) zugleich mit dem Vorgleiten des linken Fußes zu linkem **Ap-gubi**

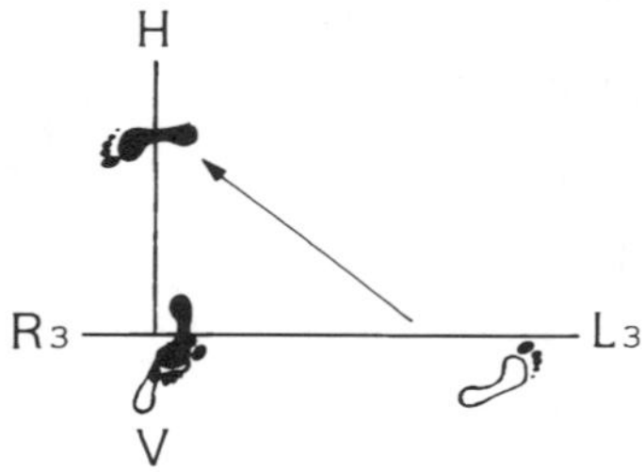


8b

8a ➤

**7.**

a) Den Körper auf den Fußballen nach rechts in Richtung **L3** drehen, ohne daß die Füße ihren Standort verlassen

b) Rechts **Ap-gubi**

c) Links **Jumŏk-dangyo-tŏk-jirŭgi**, wobei die rechte Faust langsam zur rechten Schulter gezogen wird

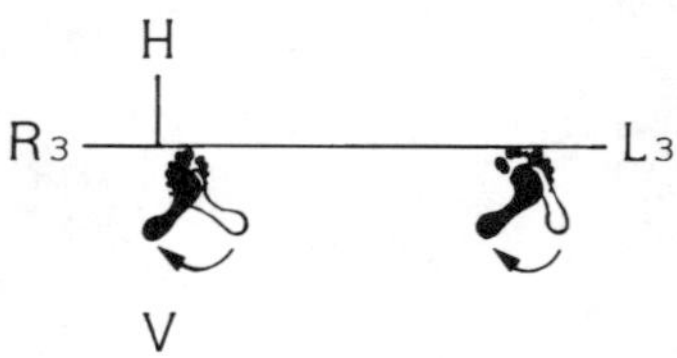

7 ⮝

8b ➤

8c ➤

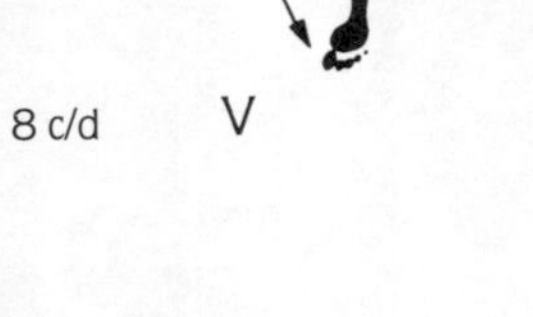


8 c/d

8d

**9.**

a) Rechts **Ap-chagi** treten und wieder zurücksetzen, dann links einen Schritt zurückgehen und den rechten Fuß schnell nachziehen

b) Rechts **Bŏm-sŏgi**

c) Rechts **Batangson-momtong-makki**

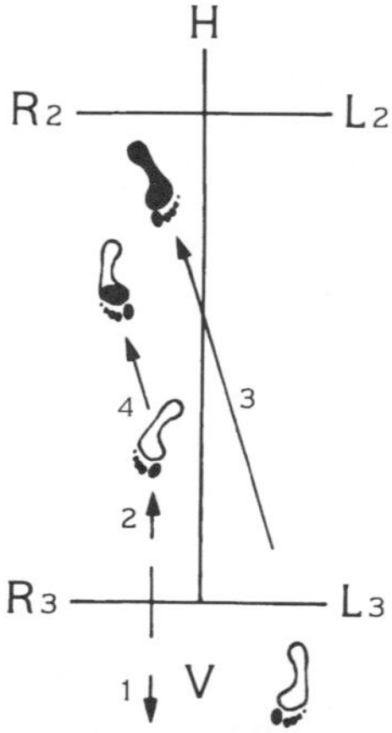

9b ➤

9a ▲

9c ➤

9d ▼

9e

**10.**
a) Linken Fuß in Richtung **L2** setzen
b) Links **Bŏm-sŏgi**
c) **Sonnal-makki**

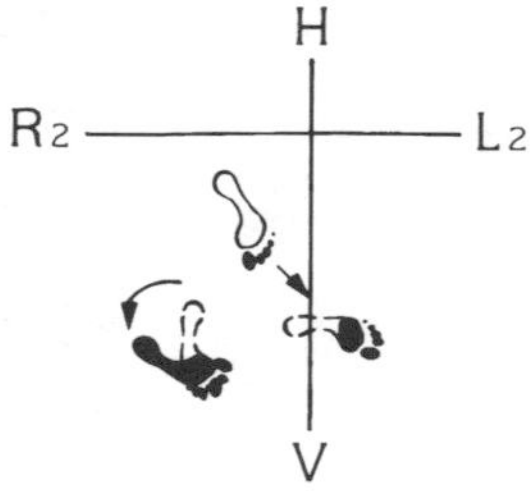


**11.**
a) Links **Ap-chagi** treten, in Richtung **L2** absetzen
b) Links **Ap-gubi**
c) Rechts **Momtong-baro-jirŭgi** (schnell)

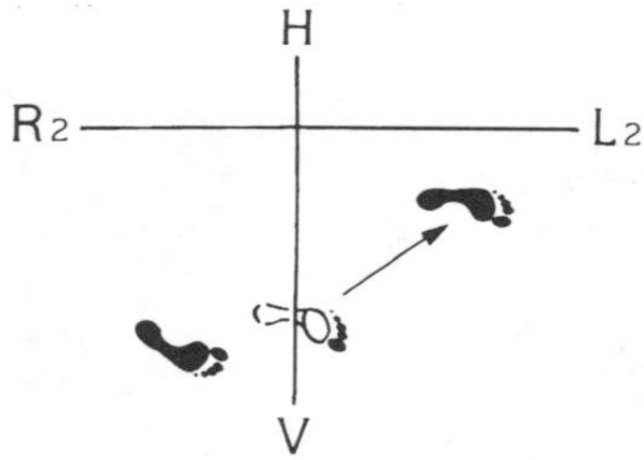


**12.**
a) Den linken Fuß heranziehen
b) Links **Bŏm-sŏgi**
c) Links **Batangson-momtong-makki** (11. und 12. schnell hintereinander)

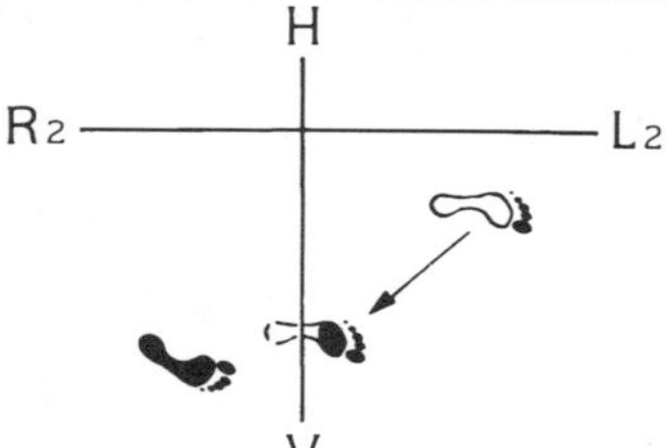

12

10a ➤

11c ➤

11b ➤

10b ➤

11a ➤

Mögliche Anwendung der Bewegungen 10–12 (1–6)

1 ➤

2 ➤

6

5 ➤

3 ➤

4 ➤

16 Aus Richtung **H**

16

15 ➤

**16.**

a) Rechts in Richtung **H** vorgehen
b) Links **Dwit-gubi**
c) **Gŏdŭrŏ-arae-makki**

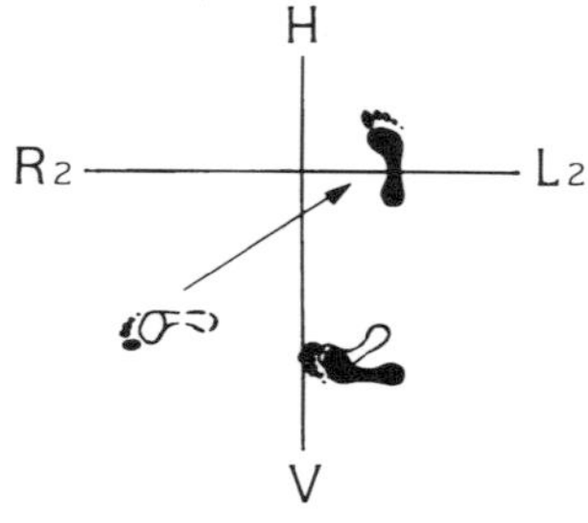


**15.**

a) Den rechten Fuß heranziehen
b) Rechts **Bŏm-sŏgi**
c) Rechts **Batangson-momtong-makki**
(14. und 15. schnell hintereinander)

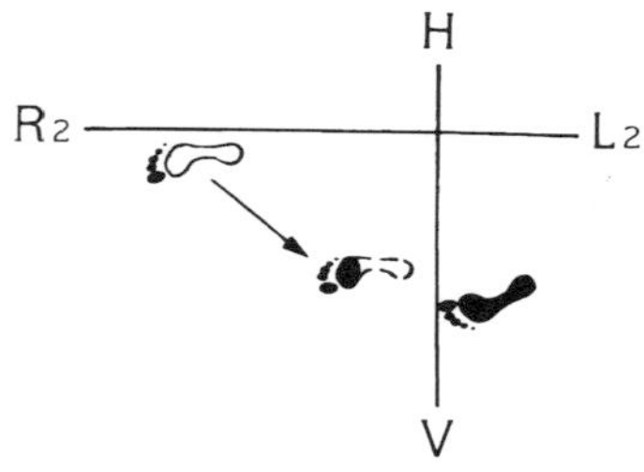

14a ▼

13 ◄

14b ◄

**14.**

a) Rechts **Ap-chagi** treten, in Richtung **R2** absetzen

b) Rechts **Ap-gubi**

c) Links **Momtong-baro-jirŭgi** (schnell)

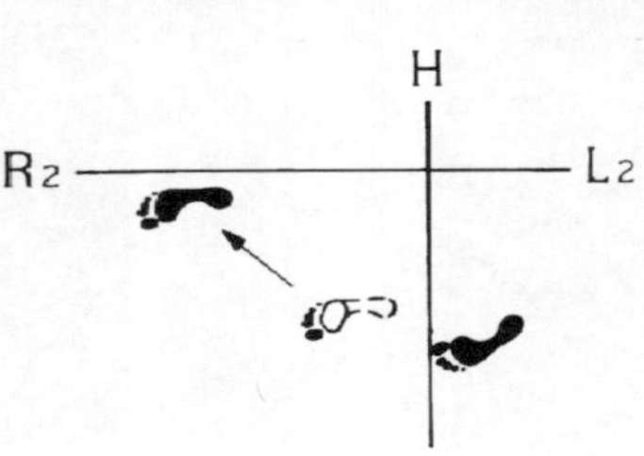


**13.**

a) Auf der Stelle nach rechts in Richtung **R2** wenden

b) Rechts **Bŏm-sŏgi**

c) **Sonnal-makki**

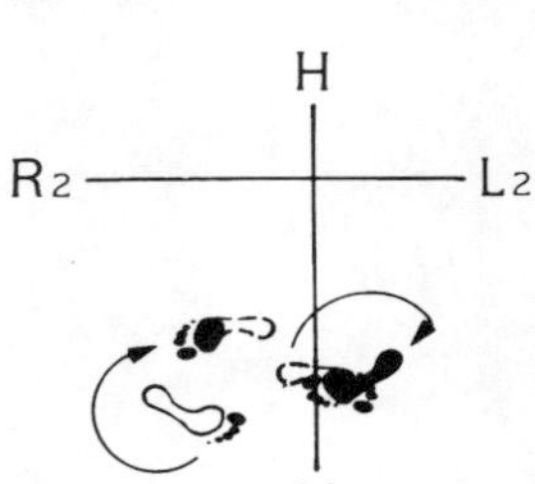

**17.**

a) Links **Ap-chagi** treten, erst danach rechts abspringen und **Twiŏ-ap-chagi** mit **Gihap** treten. Der linke Fuß landet auf derselben Linie, auf welcher der rechte vorher gestanden hat

b) Rechts **Ap-gubi**

c) Rechts **Momtong-an-makki,** anschließend schnell links, rechts **Momtong-dubon-jirŭgi**

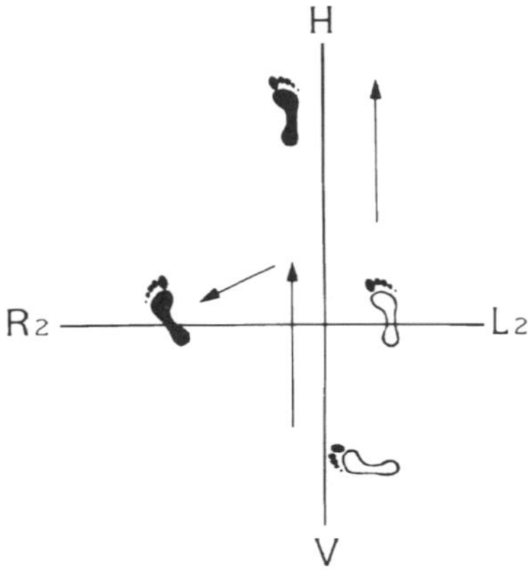

17a ➤

17a Aus Richtung **H**

17b ➤

17c ➤

17b Aus Richtung **H**

17c Aus Richtung **H**

Fortsetzung Bewegung 17

17d ➤

17e ➤

17d Aus Richtung **H**

17e Aus Richtung **H**

17f ➤

17g

17f Aus Richtung **H**

17g Aus Richtung **H**

3

2 ➤

Mögliche Anwendung der Bewegungen 16 und 17 (1–3)

1 ➤

## 18.

a) Auf dem rechten Fuß nach links drehen, den linken Fuß in Richtung **L1** setzen
b) Rechts **Dwit-gubi**
c) Links **Hansonnal-makki**

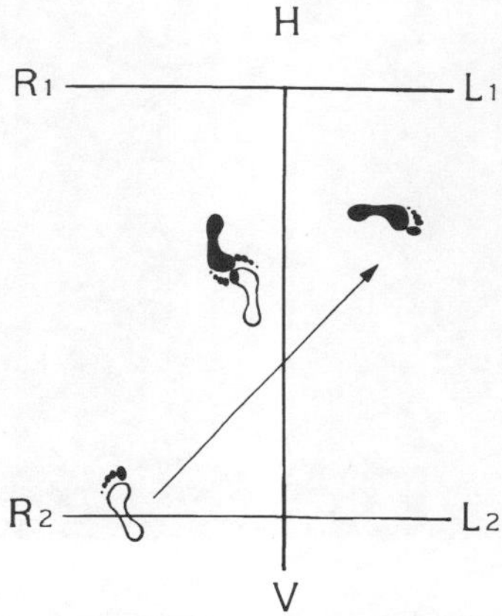

18

19a ➤

19b ➤

**19.**

a) Links in Richtung **L1** vorgleiten
b) Links **Ap-gubi**
c) Rechts **Palkup-chigi**, anschließend **Dŭng-jumŏk-ŏlgul-ape-chigi** ebenfalls rechts, dann links **Momtong-bandae-jirŭgi.** Diese drei Bewegungen in schneller Folge ausführen

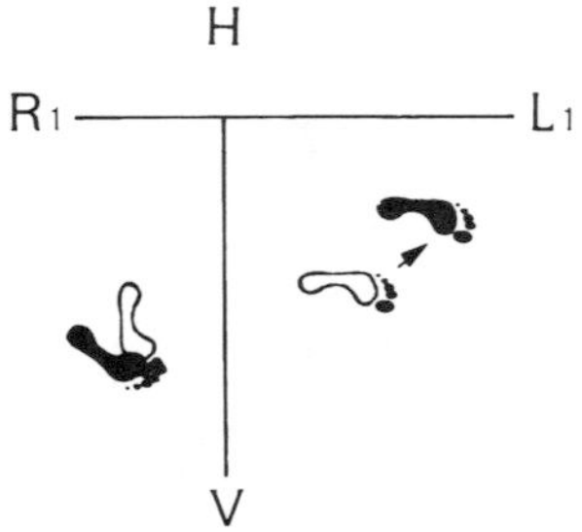

19c ➤

19d ▼

**20.**

a) Auf dem linken Fuß nach rechts in Richtung **R3** wenden
b) Links **Dwit-gubi**
c) Rechts **Hansonnal-makki**

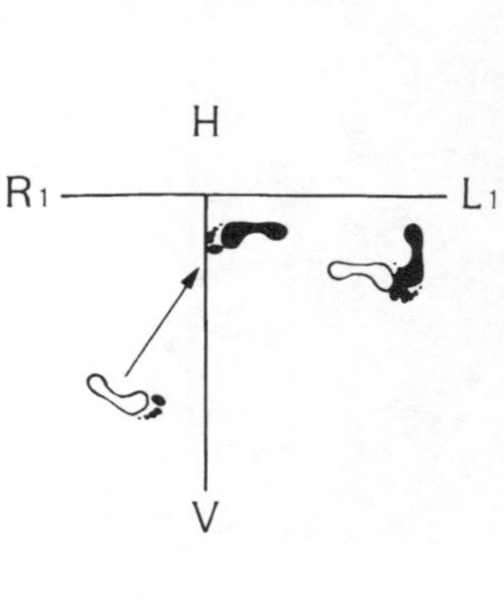

20

Mögliche Anwendung der Bewegungen 18 und 19 (1–4)

1 ➤

2 ➤

4

3 ▲

G

21c ➤

**Gŭman**

a) Den linken Fuß heranziehen, den Körper sowie das Gesicht in Richtung **V** drehen
b) **Pyŏnhi-sŏgi**
c) **Gibon-junbi**

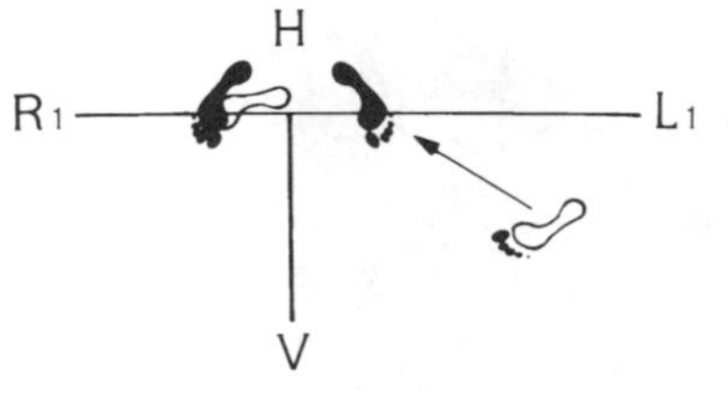

21b ➤

21a ➤

## 21.

a) Rechts in Richtung **R1** vorgleiten
b) Rechts **Ap-gubi**
c) Links **Palkup-chigi** und anschließend **Dŭng-jumŏk-ŏlgul-ape-chigi.** Dann rechts **Momtong-bandae-jirŭgi** (diese drei Bewegungen in schneller Folge ausführen)

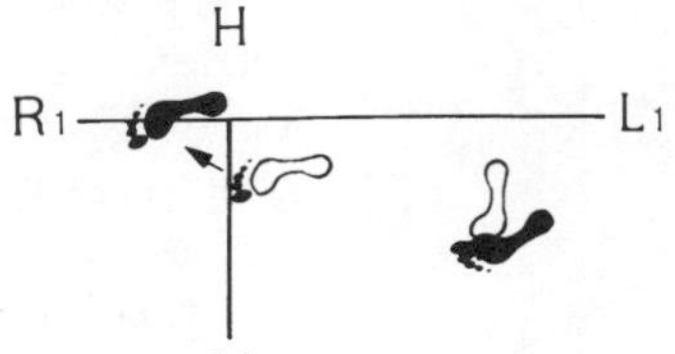

# Koryo

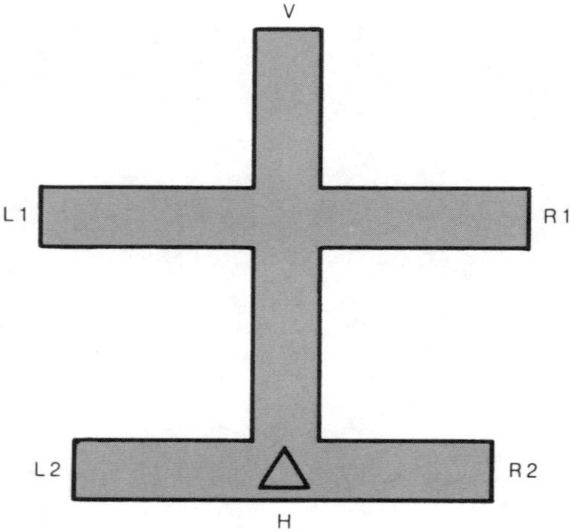


*Koryo* ist der Name einer alten Dynastie, die von 918–1392 n. Chr. an der Macht war. Wir nennen heute Korea nach dem Namen dieses Königshauses. Die *Koryo*-Dynastie hatte einen großen Einfluß auf das kulturelle Erbe des heutigen Koreas. Als erstes Volk der Welt benutzten die Koreaner bereits 1234 metallene Druckbuchstaben. Das war etwa 200 Jahre vor Johannes Gutenberg. Auch die berühmte *Koryo*-Keramik stammt aus dieser Zeit. Es ist bekannt, daß das koreanische Volk sich ebenso tapfer wie erfolgreich gegen die mongolischen Horden zur Wehr setzte, die damals die ganze bekannte Welt in Angst und Schrecken versetzten.

Die *Koryo-Poomse* spiegelt in ihren Bewegungen die geistige Haltung und die entschlossene Bereitschaft des *Koryo*-Volkes wider, sich mutig und mit starkem Willen durchdrungen dem mächtigen Feind zu stellen und zu widerstehen. Dieser heldenhafte Kampf der *Koryo* gegen die Mongolen soll uns mahnen, tapfer und furchtlos allen Schwierigkeiten entgegenzutreten.

# Techniken zu Koryo

## Tongmilgi

*Tongmilgi* bezeichnet eine bestimmte Handhaltung, bei der es darum geht, etwas rundes, z. B. ein Rohr, festzuhalten.
Erreicht wird diese Haltung, indem die Hände in Höhe des Solarplexus mit zum Körper zeigenden Handflächen langsam bis in Kinnladenhöhe gebracht werden, wo die Handflächen zueinander gedreht werden und die Arme langsam nach vorne drücken. In der Endstellung sind die Arme noch leicht gebeugt und beide Daumen leicht abgespreizt, während die zusammengehaltenen Finger eine bogenförmige Haltung annehmen. Zwischen den Fingerspitzen beider Hände besteht ein drei bis fünf Zentimeter großer Abstand.

## Sonnal-bakkat-chigi

In der Ausführung gleicht der *Sonnal-bakkat-chigi* dem in *Taegŭk-chil-jang* beschriebenen *Dŭng-jumŏk-bakkat-chigi,* nur daß beim Ausholen die Handfläche zum Gesicht gedreht ist und am Ende der Arm mit der Handkante nach außen zeigt.

1 ➤

2 ➤

1 ➤

2

3 ➤

4

1 ➤

2 ➤

## Hanson-kaljaebi

*Kaljaebi* ist ein Griff oder Schlag mit der Bogenhand zum Hals. Die Bogenhand entsteht, wenn die Hand bei zusammengepreßten Fingern und abstehendem Daumen flach gestreckt wird. Mit dem Innenhandteil zwischen Daumen und Zeigefinger wird dann getroffen. In *Koryo* wird diese Technik wie ein gerader Stoß verlangt und einhändig ausgeführt.

3 ➤

4

## Murŭp-kŏkki

*Murŭp-kŏkki* ist ein Kniegriff, bei dem mit dem einen Handballen gegen oder auf das Knie eines Gegners gestoßen wird, während die andere Hand den Fuß des Gegners an der Ferse von unten festhält.

Es entstehen also zwei Bewegungen: Zunächst wird der Trittfuß des Angreifers mit einer Schaufelbewegung zur Seite und nach oben gedrückt und ergriffen. Dabei wird dessen Knie gestreckt, und auf dieses gestreckte Knie wird dann mit der Bogenhand des anderen Armes gestoßen oder geschlagen. Getroffen wird in diesem Fall mit dem Handballen.

3

3

2 ➤

1 ➤

2 ➤

1 ➤

## An-palmok-hechyŏ-makki

*An-palmok-hechyŏ-makki* wird wie zwei *An-palmok-bakkat-makki* gleichzeitig ausgeführt. Bei Beendigung der Technik befinden sich die Ellenbogen und die Handgelenke genau an der Körpergrenze. Die Armhaltung bleibt wie beim *An-palmok-bakkat-makki.*

1 ➤

## Jumŏk-pyojŏk-jirŭgi

*Jumŏk-pyojŏk-jirŭgi* ist ein Zielschlag mit der Faust gegen die Handfläche. Damit wird angedeutet, daß ich mit der einen Hand den Gegner am Ausweichen hindere und mit der anderen Faust zustoße.

1 ➤

2

2 ➤

3

## Pyŏnsonkŭt-jŏchyo-chirŭgi

*Pyŏnsonkŭt-jŏchyo-chirŭgi* ist der Fingerspitzenstoß der flach gestreckten und mit der Handfläche nach oben gedrehten Hand. In der Bewegungsform wird die Faust der anderen Hand an die gegenüberliegende Schulter gezogen, um ein Heranzerren des Gegners anzudeuten.

1 ➤

2 ➤

3

3 Von vorne

J ➤

1 ➤

**Junbi**

a) Mit dem Gesicht in Richtung **V** stehen, den linken Fuß zur Seite stellen und die Hände in Kinnhöhe bringen
b) **Pyŏnhi-sŏgi**
c) **Tongmilgi-junbi**

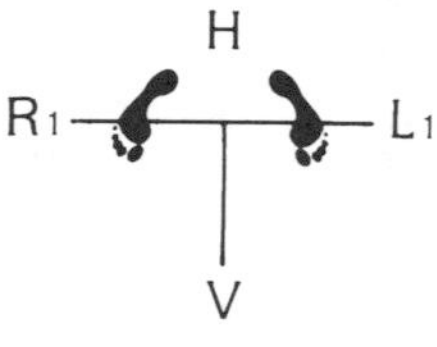


**1.**

a) Den linken Fuß in Richtung **L1** setzen
b) Links **Dwit-gubi**
c) **Sonnal-makki**

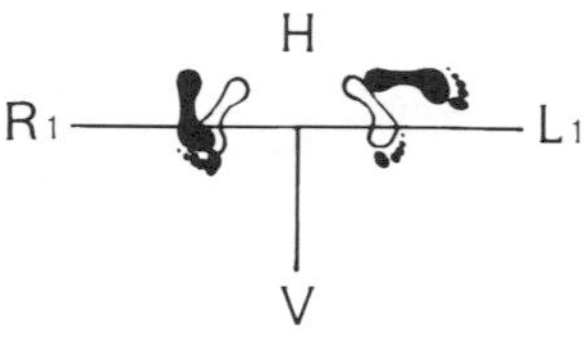


**2.**

a) Rechts in Richtung **L1** erst **Arae-yŏp-chagi** (Kniehöhe), dann ohne abzusetzen **Momtong-yŏp-chagi** treten und in dieselbe Richtung absetzen
b) Rechts **Ap-gubi**
c) Rechts **Sonnal-bakkat-chigi**

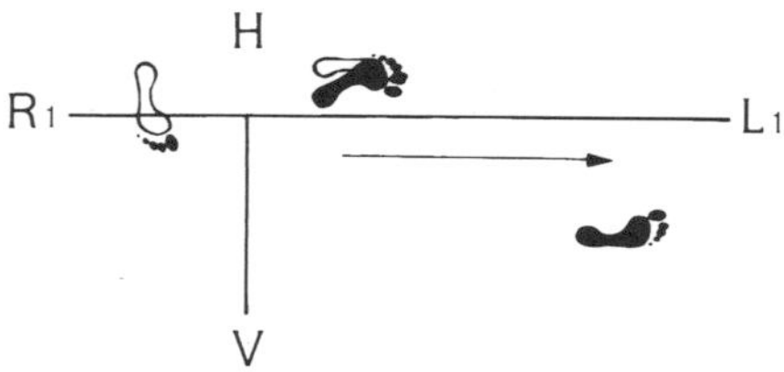

2a ➤

2b ▼

3

2c ◄

**3.**
a) Unverändert
b) Unverändert
c) Links **Momtong-baro-jirŭgi**

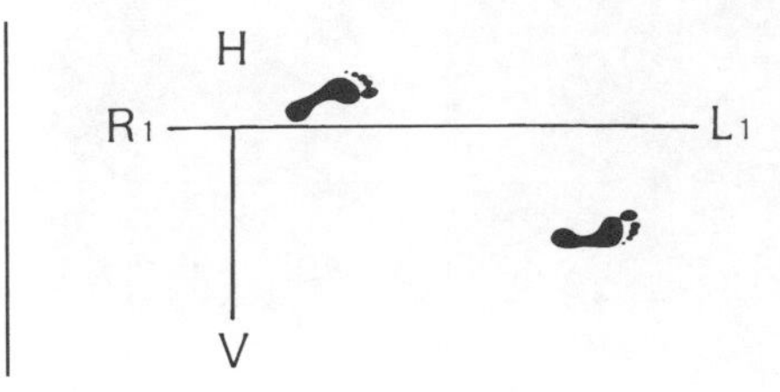

4

3 ➤

Der Doppeltritt aus Richtung **H** (2–4)

4

3 ➤

2 ➤

1 ➤

Die Ausführung des Doppeltritts (1–4)

2 ➤

**5.**

a) Auf dem linken Fuß nach rechts wenden, den rechten Fuß in Richtung **R1** setzen
b) Links **Dwit-gubi**
c) **Sonnal-makki**

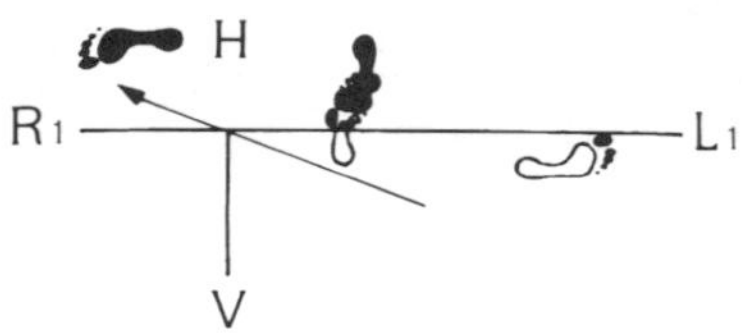

5

Möglichkeit der Anwendung für Bewegungen 1 und 2 (1–4)

1 ➤

2 ➤

4 ➤

**4.**

a) Den rechten Fuß etwas zurückziehen
b) Links **Dwit-gubi**
c) Rechts **Momtong-an-makki** (2. bis 4. schnell hintereinander)

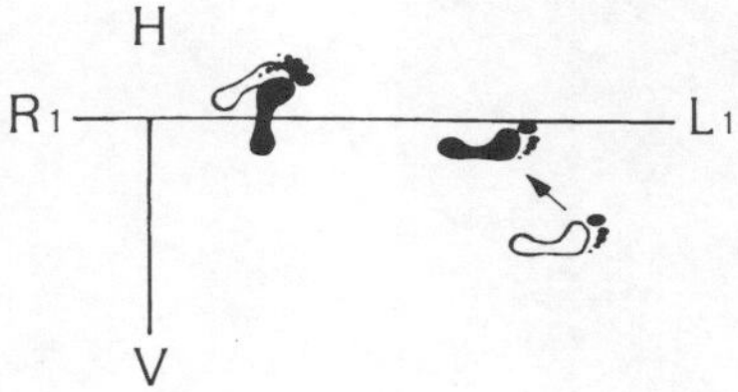

3 ➤

4

6c ▼

6b ◄

7 ►

8

6a

**6.**

a) Links in Richtung **R1** erst **Arae-yŏp-chagi** (Kniehöhe), dann ohne abzusetzen **Momtong-yŏp-chagi** treten und in dieselbe Richtung absetzen

b) Links **Ap-gubi**

c) Links **Sonnal-bakkat-chigi**

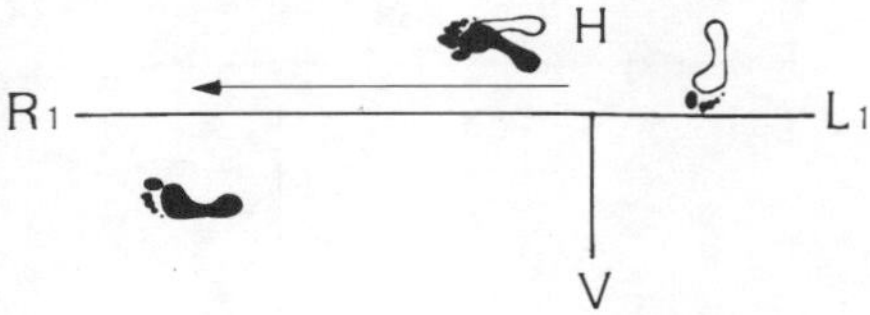


**7.**

a) Unverändert

b) Unverändert

c) Rechts **Momtong-baro-jirŭgi**

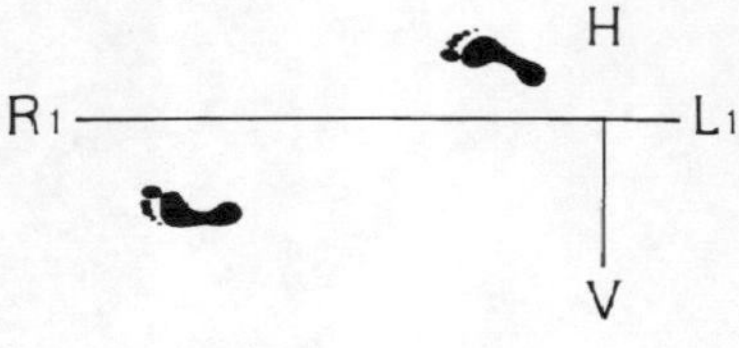


**8.**

a) Den linken Fuß etwas zurückziehen

b) Rechts **Dwit-gubi**

c) Links **Momtong-an-makki** (6. bis 8. schnell hintereinander)

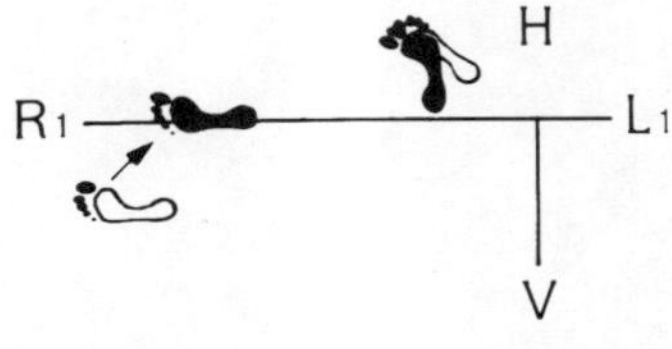

**9.**

a) Auf dem rechten Fuß nach links drehen, den linken Fuß in Richtung **V** setzen

b) Links **An-gubi**

c) Links **Hansonnal-arae-makki,** dann rechts **Kaljaebi** in schneller Folge

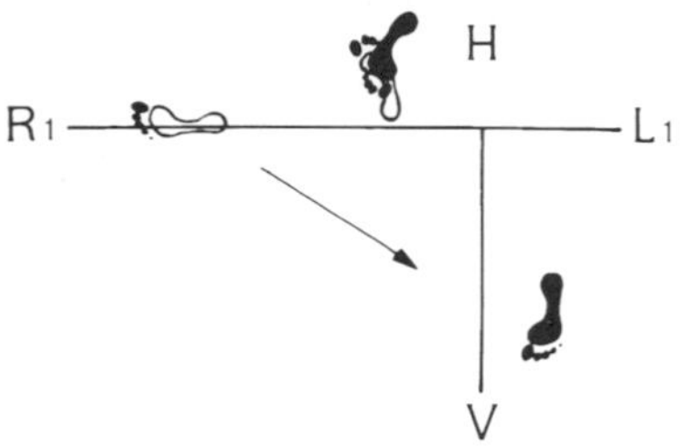

9a ➤

Anwendungsmöglichkeit der Bewegung 9 (1–3)

3

9b

2 ➤

1 ➤

**10.**

a) Rechts **Ap-chagi** treten, in Richtung **V** absetzen
b) Rechts **Ap-gubi**
c) Rechts **Hansonnal-arae-makki,** anschließend links **Kaljaebi** in schneller Folge

**11.**

a) Links **Ap-chagi** treten, in Richtung **V** absetzen
b) Links **Ap-gubi**
c) Links **Hansonnal-arae-makki,** dann schnell rechts **Kaljaebi** mit **Gihap**

10.

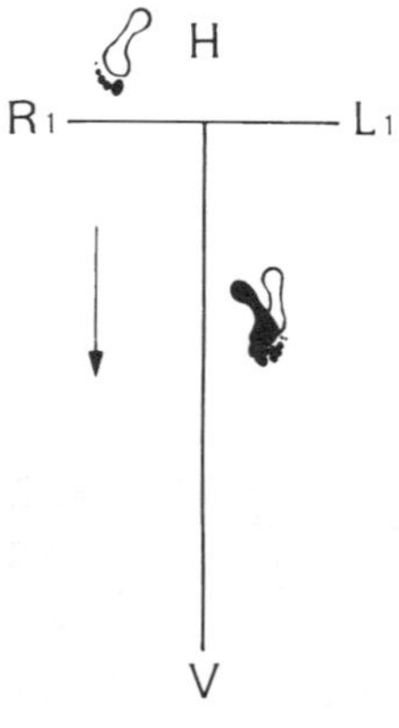


11.

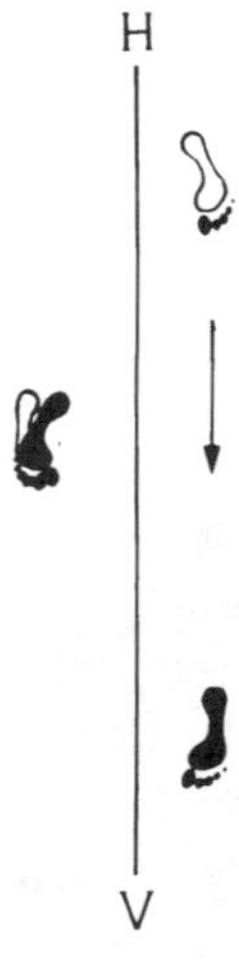

10a ➤

11c

10b ➤

10c ▼

11b ◄

11a ◄

**12.**

a) Rechts **Ap-chagi** treten, in Richtung **V** absetzen

b) Rechts **Ap-gubi**

c) **Murŭp-kŏkki:** Die rechte Hand macht mit der Handfläche nach oben eine schaufelnde Bewegung, während die linke in der Haltung von **Kaljaebi** mit dem Handballen nach unten stößt. Die linke Hand befindet sich in der Endstellung unter dem rechten Ellenbogen

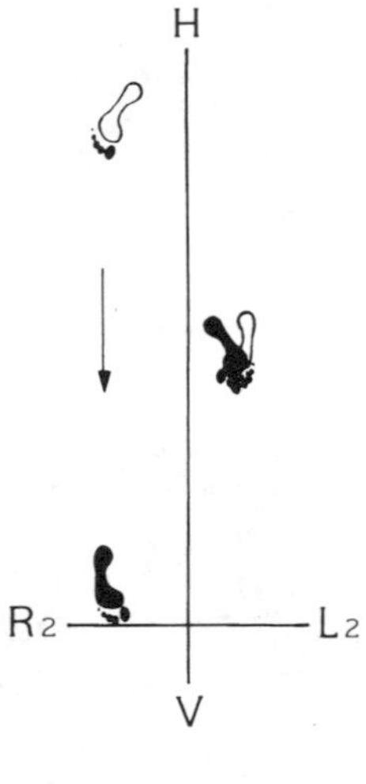

12a ➤

12b ➤

12c

13a ➤

13b ➤

**13.**

a) Auf dem rechten Fuß nach rechts drehen, den linken Fuß in Richtung **V** setzen
b) Rechts **Ap-gubi** in Richtung **H**
c) **An-palmok-hechyŏ-makki**

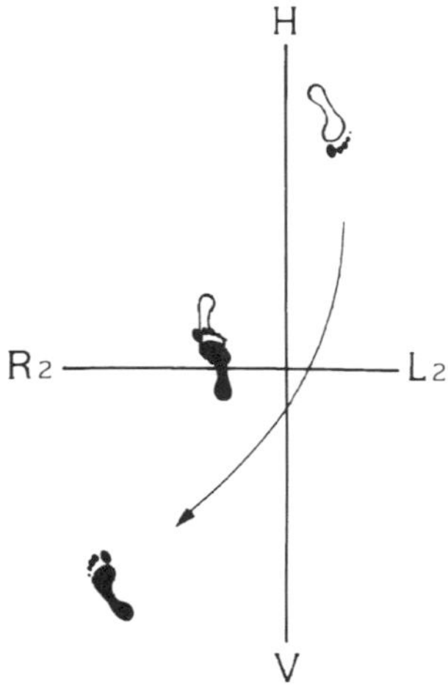

13c ➤

13d

13d Aus Richtung **H**

**14.**

a) Links **Ap-chagi** treten, in Richtung **H** absetzen
b) Links **Ap-gubi**
c) **Murŭp-kŏkki:** Die linke Hand macht mit der Handfläche nach oben eine schaufelnde Bewegung, während die rechte in der **Haltung** von Kaljaebi mit dem Handballen nach unten stößt. Die rechte Hand befindet sich in der Endstellung unter dem linken Ellenbogen

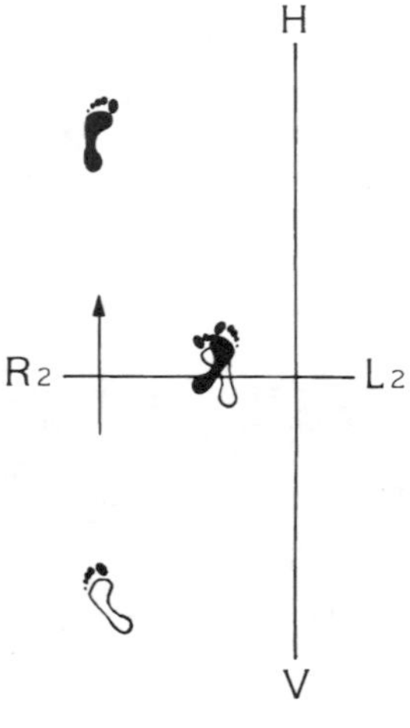


**15.**

a) Den linken Fuß etwas zurückziehen
b) Links **Ap-sŏgi**
c) **An-palmok-hechyŏ-makki**

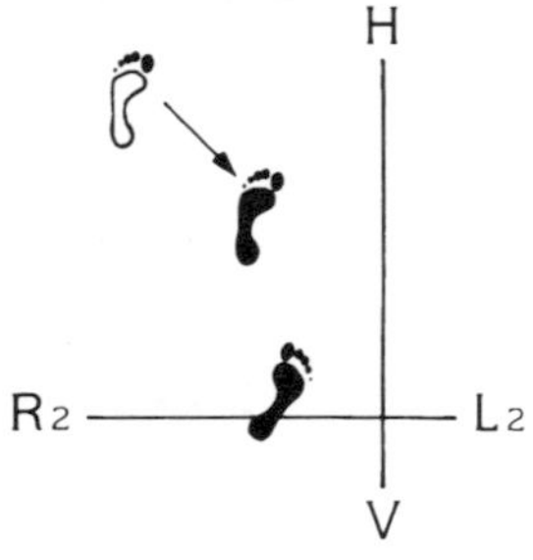

14a ➤

14a Aus Richtung **H**

14b ➤

15

14b Aus Richtung **H**

15 Aus Richtung **H**

a ➤

b

1 ➤

2 ➤

Anwendungsmöglichkeiten der Bewegungen 14 (a und b) und 16 und 17 (1–3)

3

16 ➤

17

**16.**

a) Auf dem linken Fuß nach rechts drehen, den rechten Fuß in Richtung **R2** setzen
b) **Juchum-sŏgi** mit Blickrichtung nach **L2**
c) Links **Hansonnal-yŏp-makki**

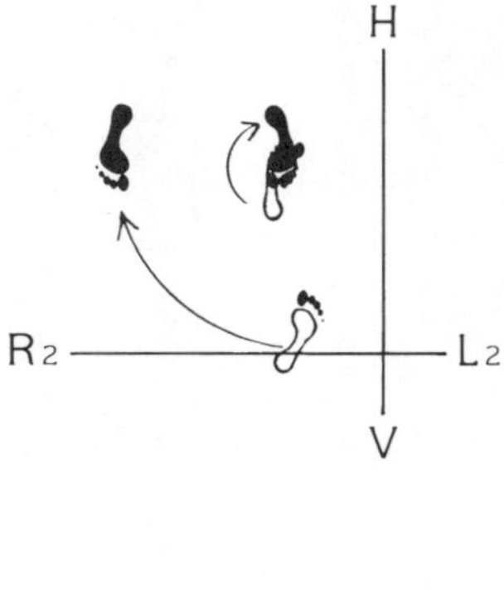


**17.**

a) Unverändert
b) Unverändert
c) Rechts **Jumok-pyojŏk-jirŭgi** (16. und 17. schnell hintereinander)

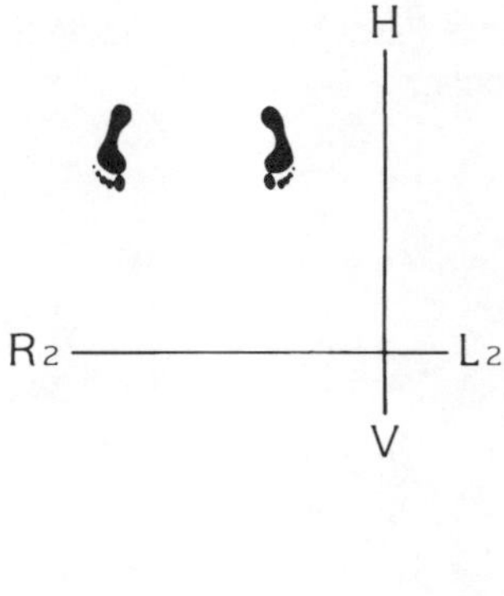

18a ➤

180b ➤

**18.**

a) Mit dem rechten Fuß den linken in Richtung **L2** überkreuzen, bei der Gewichtsverlagerung auf den rechten Fuß links **Yŏp-chagi** in Richtung **L2** treten und absetzen
b) Rechts **Ap-gubi** in Richtung **R2**
c) Links **Pyŏnson-kŭt-jŏchyo-chirŭgi** (rechte Faust wird zur linken Schulter gezogen)

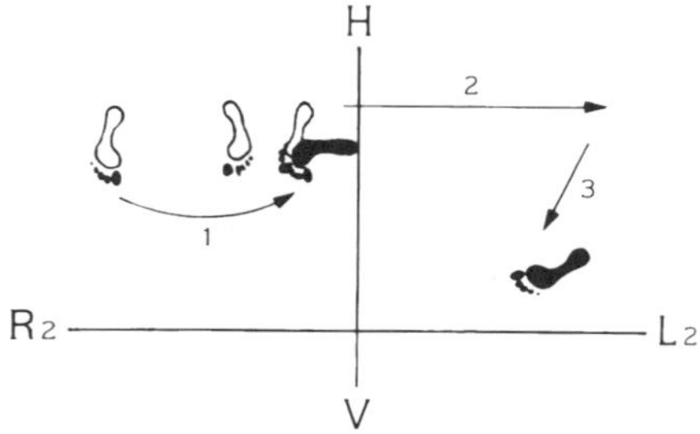

18c ➤

18d ⮟

**19.**

a) Den rechten Fuß etwas zurückziehen
b) Rechts **Ap-sŏgi**
c) Rechts **Arae-makki**

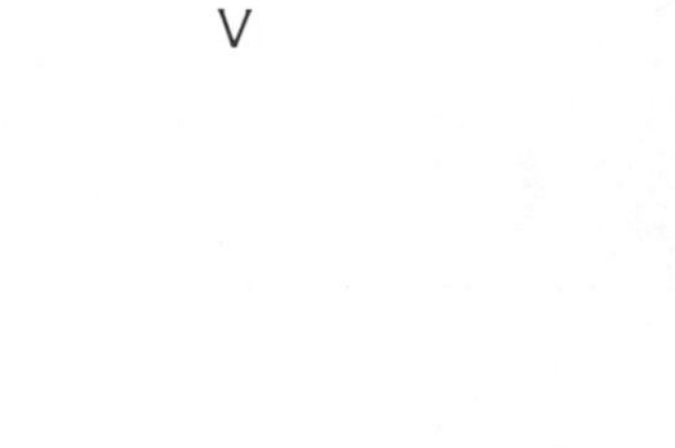

19

20b

20a

20c

**20.**

a) Links einen Schritt vorgehen mit links **Batangson-nullŏ-makki,** dann rechts in Richtung **R2** vorgehen

b) **Juchum-sŏgi**

c) Rechts **Palkup-yŏp-chigi** in Richtung **R2** (19. und 20. in schneller Aufeinanderfolge)

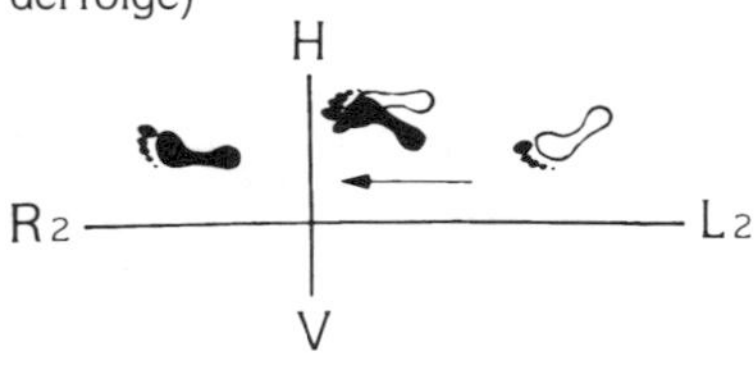


a)

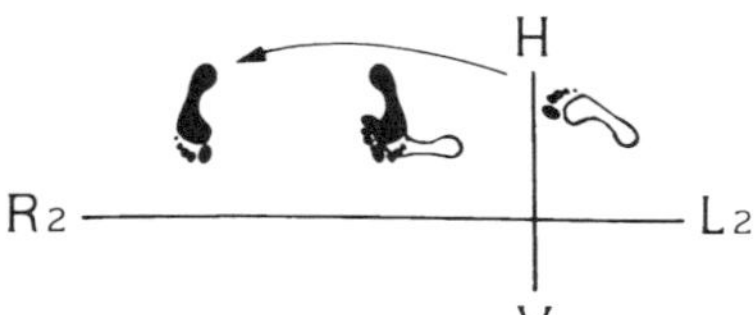


b)

a ➤

b

Anwendungen für Bewegungen 18 (a und b) und 20 (1–3)

1 ➤

3

2 ➤

23b ➤

23a ➤

23c

**23.**

a) Der linke Fuß überkreuzt den rechten in Richtung **R2.** Nach Verlagerung des Gewichts auf den linken Fuß, rechts **Yŏp-chagi** in Richtung **R2** treten und absetzen
b) Links **Ap-gubi** in Richtung **L2**
c) Rechts **Pyŏnson-kŭt-jŏchyo-chirŭgi** (linke Faust wird zur rechten Schulter gezogen)

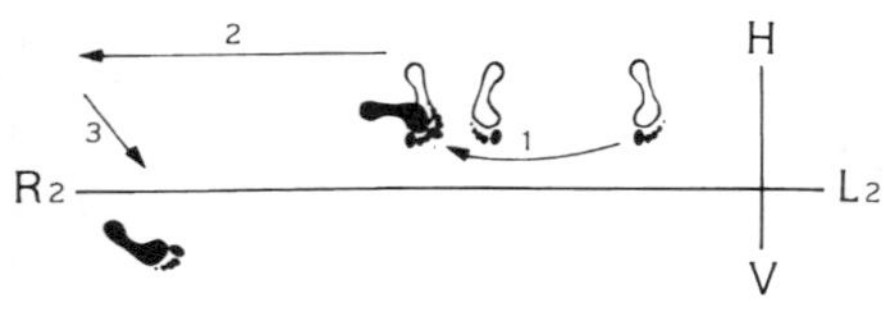

22 ➤

**22.**

a) Unverändert

b) Unverändert

c) Links **Jumŏk-pyojŏk-jirŭgi** (21. und 22. in schneller Aufeinanderfolge)

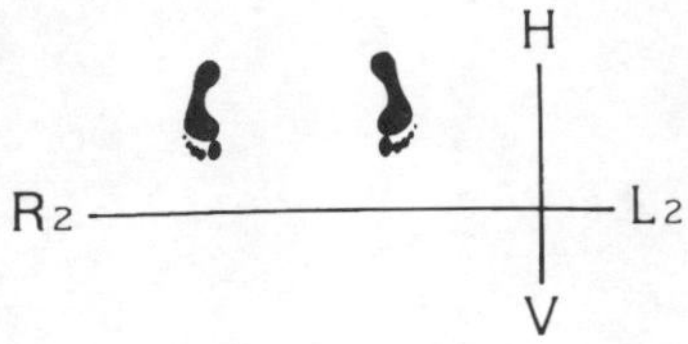

21 ➤

**21.**

a) Unverändert

b) Unverändert

c) Rechts **Hansonnal-makki**

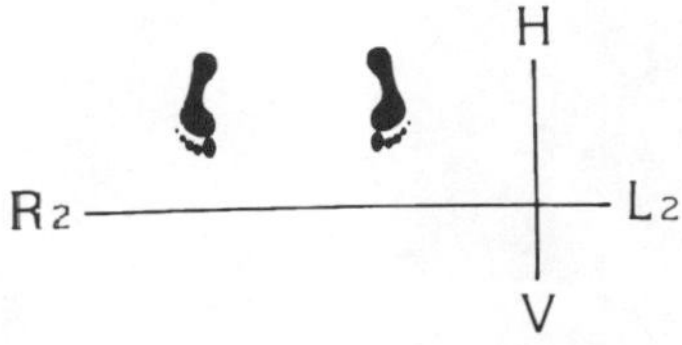

**24.**

a) Den linken Fuß etwas zurückziehen
b) Links **Ap-sŏgi**
c) Links **Arae-makki**

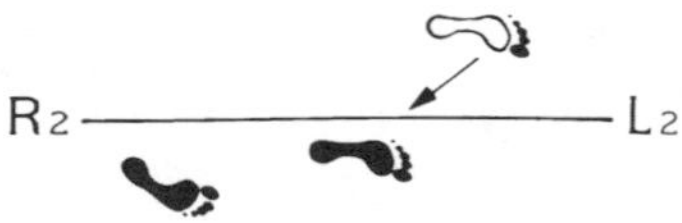


**25.**

a) Rechts in Richtung **L2** vorgehen, mit rechts **Batangson-nullŏ-makki,** dann links in Richtung **L2** vorgehen
b) **Juchum-sŏgi**
c) Links **Palkup-yŏp-chigi** in Richtung **L2**

a)

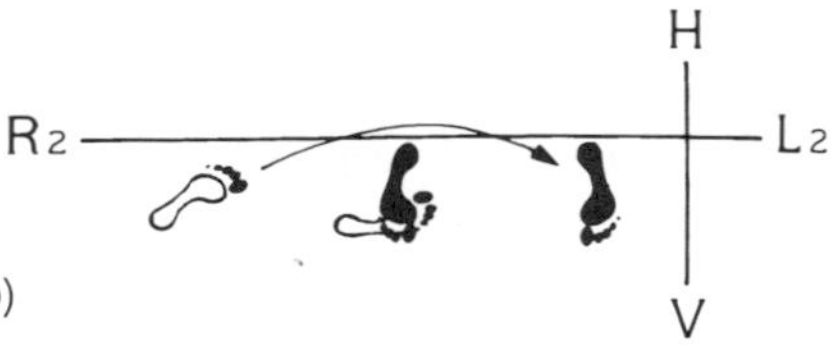


b)

Ausführung des **Batangson-nullŏ-makki** in den Bewegungsfolgen 20 und 25 (1–2)

24 ➤

1 ➤

25a ➤

25b

2

**26.**

a) Während der rechte Fuß zum linken herangezogen wird, werden beide Hände über den Kopf gehoben und dann in einem seitlichen Kreisbogen unten zusammengeführt

b) **Moa-sŏgi** in Richtung **V**

c) Links **Me-jumŏk-pyojŏk-arae-chigi** mit Blickrichtung **V**

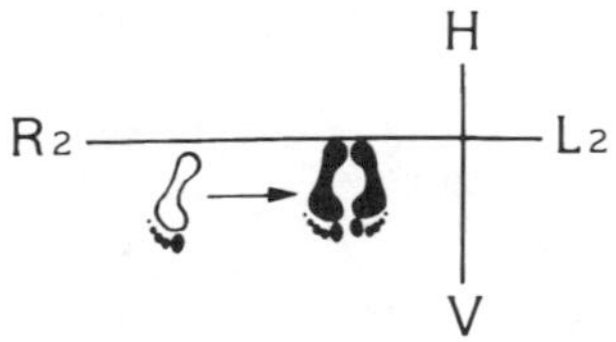

26a ➤

26b ➤

26d

26c ➤

26d

**27.**

a) Auf dem rechten Fuß nach links drehen, den linken Fuß in Richtung **H** setzen
b) Links **Ap-gubi**
c) Links erst **Hansonnal-bakkat-chigi**, dann **Hansonnal-arae-makki**

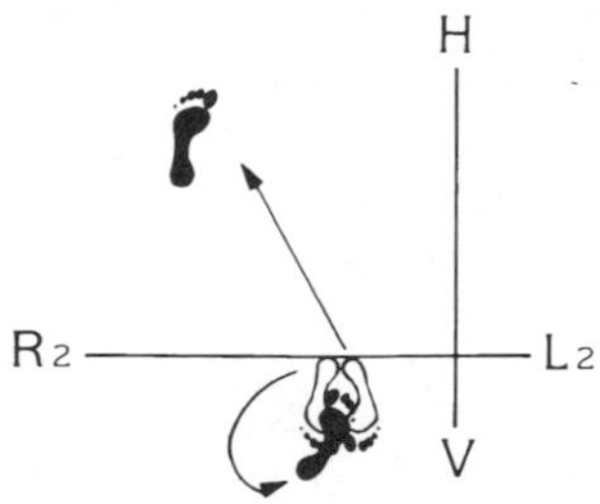

27a ➤

27a Aus Richtung **H** ➤

27b Aus Richtung **H** ➤

27b ➤

27d

27c Aus Richtung **H** ➤

27d Aus Richtung **H**

Anwendung der Bewegung 27 (1–4)

1 ➤

2 ▼

4

3 ◄

**28.**

a) Rechts in Richtung **H** vorgehen
b) Rechts **Ap-gubi**
c) Rechts erst **Hansonnal-mokchigi,** dann **Hansonnal-arae-makki**

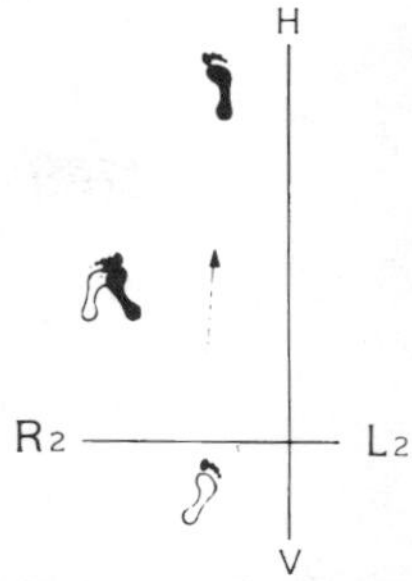

28a ➤

28b

28a Aus Richtung **H**

28b Aus Richtung **H**

**29.**

a) Links in Richtung **H** vorgehen
b) Links **Ap-gubi**
c) Links erst **Hansonnal-mokchigi,** dann **Hansonnal-arae-makki**

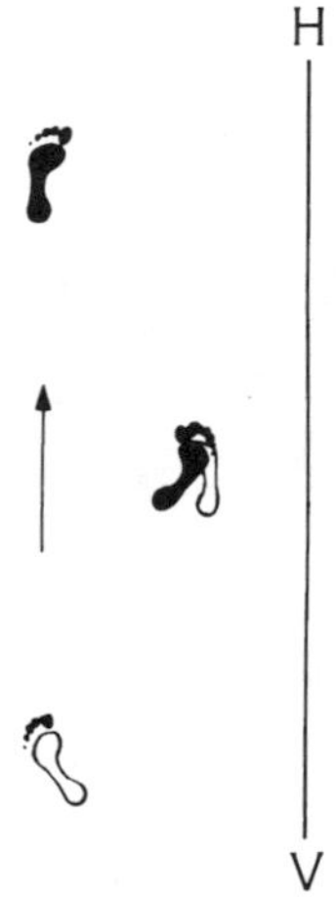

29a ➤

29b

29a Aus Richtung **H**

29b Aus Richtung **H**

## 30.

a) Rechts in Richtung **H** vorgehen
b) Rechts **Ap-gubi**
c) Rechts **Kaljaebi** mit **Gihap**

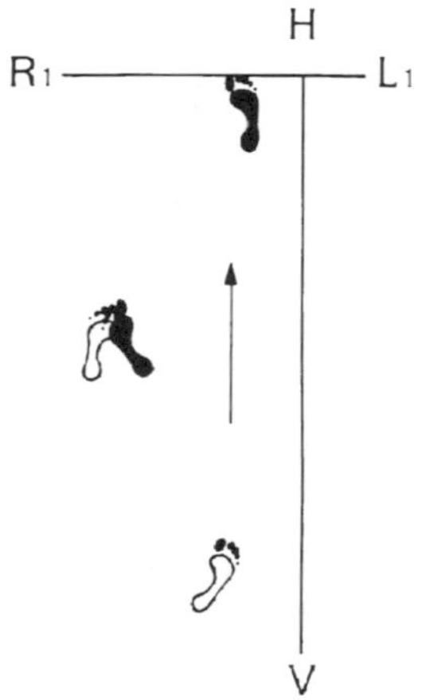

30 ➤

30 Aus Richtung **H**

G

**Gŭman**

a) Auf dem rechten Fuß nach links drehen, bis das Gesicht in Richtung **V** gerichtet ist
b) **Pyŏnhi-sŏgi**
c) **Tongmilgi-junbi**

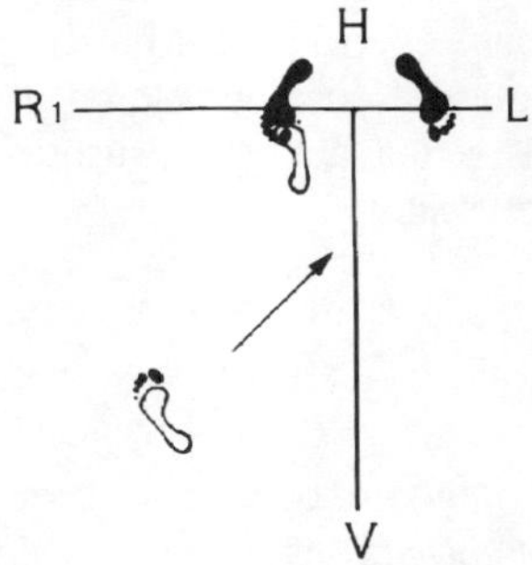

# Kyŏk-pa – der Bruchtest

## Kyŏk-pa für den 3. Kŭp

Als Bruchtest für den *3. Kŭp* werden *Yŏp-chagi* und *Sonnal-bakkat-chigi* verlangt. Der Prüfer entscheidet während der Prüfung, ob der Prüfling sich einen der beiden Bruchtests auswählen darf. Er kann auch darüber entscheiden, ob beide Bruchtests gezeigt werden müssen oder nur ein bestimmter. Deshalb ist es gut, auf beide Bruchtests vorbereitet zu sein.

### Yŏp-chagi

Der *Yŏp-chagi* wird gewöhnlich in mittlerer Höhe *(Momtong)* verlangt. Er kann nach Belieben des Prüflings ausgeführt werden – das heißt, entweder aus einer nach vorne ausgerichteten Stellung mit dem hinteren Bein oder aus einer seitlich ausgerichteten Stellung nach Übersetzschritt (vor oder hinter dem tretenden Bein) mit dem Bein, das dem Brett zuvor am nächsten war.

### Sonnal-bakkat-chigi

Obwohl in der DTU-Prüfungsordnung *Sonnal-yŏp-chigi (Sudo-yŏp-taerigi)* steht, wird in der Hauptsache der Handkantenschlag von innen nach außen gemeint. Somit ist der Prüfling eigentlich nicht nur auf eine seitlich ausgerichtete Stellung beschränkt. Er kann sich auch für *Ap-gubi* entscheiden, weil hier der Hüfteinsatz besonders gut zur Geltung kommt.

Für welche Stellung sich der Prüfling auch entscheidet, wichtig ist, daß der Unterarm in der Bruchphase nicht vor der Handkante auftrifft. Das kann vom Mißlingen des *Kyŏk-pa* bis zu schweren Blutergüssen am Unterarm führen, weil die Brettkante getroffen wurde.

Schlecht ist es auch, wenn die Finger eher als die Handkante auftreffen. Auch diese „Art" des *Kyŏk-pa* mißlingt meistens und führt zu Blutergüssen in Fingern und in der Hand.

Treffen Sie stets mit dem Teil der Handkante, der zwischen dem Handwurzelknochen und dem Knöchel des kleinen Fingers liegt. Nehmen Sie immer die Mitte des Brettes als Ziel und nicht den Rand, wo Sie sich verletzen können.

Deshalb ist es sehr wichtig, daß Sie erst das Brett für sich richtig einrichten. Danach nehmen Sie die für Sie günstigste Position zum Brett ein und kontrollieren noch einmal den korrekten Abstand (wenn es sein muß, auch mehrmals). Erst wenn all dies stimmt, führen Sie den *Kyŏk-pa* aus. Selbstverständlich gilt das auch für alle anderen Bruchtests.

Yb

Ya ◄

Y1 ►

Y2

S2

S1 ◄

# Kyŏk-pa für den 2. Kŭp

Unter den gleichen Bedingungen wie bereits beschrieben werden für das Erreichen des *2. Kŭp* mit *Momdolyŏ-yŏp-chagi* und *Baro-jirŭgi* ein *Fuß-* und ein *Hand-Kyŏk-pa* verlangt.

## Momdolyŏ-yŏp-chagi

Der rückwärtsgedrehte *Momdolyŏ-yŏp-chagi* wird mit dem hinteren Fuß getreten und, sinnvollerweise, aus einer seitlich ausgerichteten Stellung ausgeführt.

Das hintere Bein wird hierbei nach einer auf dem Fußballen des vorderen Beines erfolgten Rückwärtsdrehung direkt zum Ziel gebracht. Während dieser Drehphase wird das Trittbein schnell gebeugt und wieder gestreckt, so daß die Beinstreckung genau zu dem Zeitpunkt beendet ist, wenn der Körper die notwendige Seitwärtsposition zum Ziel erreicht hat.

Für Körperhaltung und Krafteinsatz beim erfolgten Tritt gelten im übrigen dieselben Regeln wie für *Yŏp-chagi,* der in *Taegŭk-oh-jang* („Taekwondo perfekt 1") beschrieben wurde.

## Baro-jirŭgi

Während bei Tritten in mittlerer Höhe das Brett durchaus etwas schräg nach unten ausgerichtet sein kann, sollte es bei Handtechniken, und ganz besonders bei Fauststößen, genau senkrecht zum Boden gehalten werden. Der *Jirŭgi* muß nämlich genau in einem 90°-Winkel nach allen Seiten auftreffen. Obligatorisch ist natürlich auch, das Brett genau inder Mitte zu treffen, und zwar nur mit den Vorderknöcheln des Zeige- und Mittelfingers, wie es ebenfalls bereits in „Taekwondo perfekt 1" beschrieben wurde.

Selbstverständlich ist auch die korrekte Fausttechnik. Bei einer korrekten Fausttechnik wird die Faust durch den Hüfteinsatz und Schulterarretierung nicht mehr als nur wenige Zentimeter hinter dem Brett zum Stehen kommen. „Techniken", bei denen der halbe Unterarm oder mehr hinter dem Brett „verschwindet", können von jedem Kraftmeier ausgeführt werden. Geringster Krafteinsatz, nur mit Schnelligkeit und Technik, das ist es, was die Kunst des Taekwondo ausmacht.

*Baro-jirŭgi* wird aus *Ap-gubi* mit der Faust gestoßen, auf deren Seite das Bein hinten steht. Wählen Sie frontal vor dem Brett den Abstand so, daß Ihr Arm bei nach vorne eingedrehter Hüfte und bei parallel zum Brett verlaufenden Schultern noch ganz leicht gebeugt ist. Den Restweg für die Streckung brauchen Sie, um das Brett zu zerbrechen.

My 1 ➤

My 2 ➤

My 3

Bj 1 ➤

Bj 2 ➤

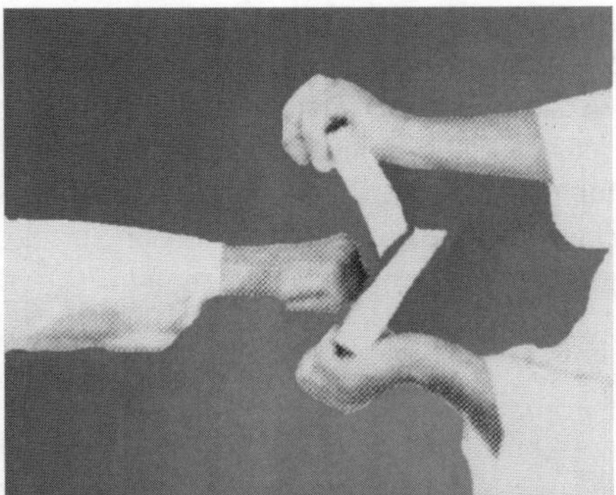

Bj 3

1 ➤

2 ➤

## Kyŏk-pa für den 1. Kŭp

Mit *Momdolyŏ-chagi (Bandaedolyŏ-chagi)* und *Twiŏ-yŏp-chagi* schließt das Bruchtestprogramm für Schüler. In den meisten Fällen werden beide Bruchtests in Kopfhöhe verlangt und müssen auch beide vorgeführt werden. Der gesprungene Seitwärtstritt bildet hier einen kleinen krönenden Abschluß für den Schüler, bedeutet doch das Wörtchen *Tae* im Begriff *Teakwondo:* im Sprung mit dem Fuß schlagen oder treten.

### Momdolyŏ-chagi

*Momdolyŏ* bedeutet Körperdrehen. Mit *Momdolyŏ-chagi* ist ein Tritt gemeint, der durch eine rückwärtige Körperdrehung auf dem vorderen Fuß mit der Ferse des nach vorne geschwungenen hinteren Fußes ein Ziel von der Seite trifft. Getroffen wird dabei mit dem hinteren Fersenteil, an dem die Achillessehne festgewachsen ist, dem Fersenbein.

Um gute Bruchtestresultate zu erreichen, sollte das Bein möglichst gestreckt in einem Halbkreisbogen zum Ziel geführt werden. Die Drehung erfolgt auf dem Fußballen. Wenn die Ferse das Ziel getroffen hat, kann das Bein in einem Zug, gestreckt wie es ist, wieder zu Boden gebracht werden, oder es

3 ➤

4 ➤

wird nach dem Treffer erst gebeugt, wodurch die Fliehkraft aufgehoben wird, und danach abgesetzt.

Wichtig ist auch, daß der Fußschlag in einem 90°-Aufprallwinkel gegen das Ziel ausgeführt wird. Das bedeutet, daß die Fußkante waagerecht zum Boden gehalten wird und der Fuß am Ziel eine waagerechte Kreisbewegung erreicht, und nicht etwa nur eine Aufwärtsbewegung.

5

1 ➤

2 ➤

## Twiŏ-yŏp-chagi

Nur wenige Menschen schaffen es, aus dem Stand einen *Ŏlgul-twiŏ-yŏp-chagi* zu treten, geschweige denn, damit einen *Kyŏk-pa* erfolgreich auszuführen. Deshalb wird der gesprungene Seitwärtstritt vom Prüfling mit einem Anlauf nach eigenem Ermessen durchgeführt. Nach dem Anlauf wird mit dem einen Bein abgesprungen und mit dem anderen getreten. Im Flug vollführt der Körper eine Vorwärtsdrehung, damit das Trittbein nach vorne kommt. Dieses wird beim Abspringen gebeugt und im richtigen Abstand zum Ziel schnell und kraftvoll ins Ziel gestreckt. Beim Auftreffen ist die Fußkante parallel zum Boden, und der Körper ist wie beim *Yŏp-chagi* im Stand seitlich zum Ziel gedreht.

3 ➤

4 ➤

5

1 ➤

2 ➤

## Kyŏk-pa für den 1. Dan

*Momdolyŏ-chagi* und *Jirŭgi* werden auch bei der ersten Schwarzgurt-Prüfung verlangt. Da in den vorangegangenen Prüfungen zwischen den einzelnen *Kyŏk-pa* immerhin eine Wahl bestand und nach Möglichkeit nur der gelungene Bruchtest gezählt wurde, müssen die beiden genannten zum 1. Dan auf jeden Fall vorgeführt werden. Es kann sogar vorkommen, daß auf Verlangen der Prüfer zumindest der *Jirŭgi* gegen ein frei gehaltenes Brett erfolgen muß. Hier erkennt man den wahren Meister, der nicht nur mit Kraft, sondern mit Schnelligkeit und Technik zu schlagen und zu stoßen versteht. Mit Kraft allein geht hier gar nichts mehr.

Sollte also eine oder ein Teakwondoin versäumt haben, diese beiden Techniken vorher gründlich zu üben, dann wäre es ratsam, dies vor der Dan-Prüfung schleunigst nachzuholen.

3 ➤

4

# UNSER TIP

FALKEN BUDO BIBLIOTHEK
**Kung-Fu 1**
Legende · Philosophie · Grundtechniken
(0891) Von Christopher Yim, 152 Seiten, 401 s/w-Fotos, 2 s/w-Zeichnungen, kartoniert,
**DM 19,80**, S 159,–

FALKEN BUDO BIBLIOTHEK
**Taekwon-Do**
Koreanischer Kampfsport
(0347) Von Konstantin Gil, 152 Seiten, 408 Abbildungen, kartoniert,
**DM 12,80**, S 99,–

FALKEN BUDO BIBLIOTHEK
**Aikido**
Lehren und Techniken des harmonischen Weges
(0537) Von Rolf Brand, 280 Seiten, 697 Abbildungen, kartoniert,
**DM 19,80**, S 159,–

**Fit und gesund**
Fitneßtraining und Bodybuilding für zu Hause · Trainingsprogramm für Ihr Wohlbefinden
(0782) Von Prof. Dr. Stephan Starischka, 80 Seiten, 100 Farbfotos, 3 Zeichnungen, kartoniert,
**DM 14,80**, S 119,–

**Hanteltraining zu Hause**
(0800) Von Werner Kieser, 80 Seiten, 71 s/w-Fotos, 4 Zeichnungen, kartoniert,
**DM 9,80**, S 79,–

**Tennis**
Technik · Taktik · Regeln
(0375) Von Wilfried und Stefan Taferner, 112 Seiten, 81 Abbildungen, kartoniert,
**DM 6,80**, S 59,–

FALKEN
Der Spezialist für nützliche Bücher.

Falls durch besondere Umstände Preisänderungen notwendig werden, erfolgt Auftragserledigung zu dem bei der Lieferung gültigen Preis.

# UNSER TIP

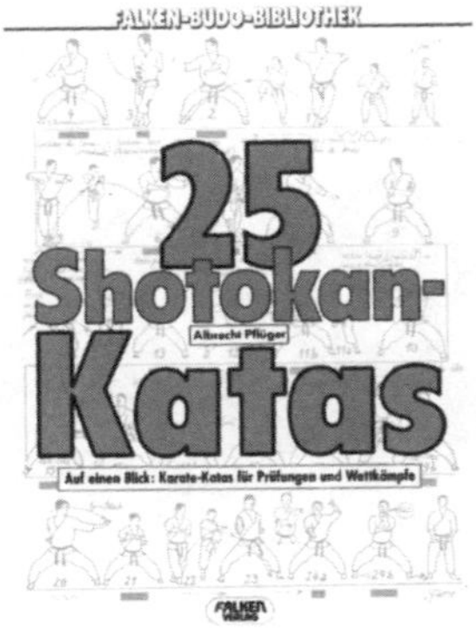


**25 Shotokan-Katas**
Auf einen Blick: Karate-Katas für Prüfungen und Wettkämpfe
(0859) Von Albrecht Pflüger, 88 Seiten, 185 s/w-Abbildungen, 24 Tafeln mit über 1600 Einzelschritten, kartoniert,
**DM 19,80**, S 159,–

**Karate-Do**
Das Handbuch des modernen Karate
(4028) Von Albrecht Pflüger, 360 Seiten, 1159 Abbildungen, Pappband, **DM 39,–**, S 319,–

**Karate 1**
Einführung · Grundtechniken
(0227) Von Albrecht Pflüger, 156 Seiten, 195 s/w-Fotos, 120 Zeichnungen, kartoniert,
**DM 9,80**, S 79,–

**Karate 2**
Kombinationstechniken · Katas
(0239) Von Albrecht Pflüger, 176 Seiten, 452 s/w-Fotos und Zeichnungen, kartoniert,
**DM 9,80**, S 79,–

FALKEN

Der Spezialist für nützliche Bücher.

**Modernes Karate**
Das große Standardwerk mit 2279 Abbildungen
(4280) Von Teruyuki Okazaki, Dr. med. Milorad V. Stricevic, 376 Seiten, 2279 Abbildungen, Pappband, **DM 69,–**, S 559,–

FALKEN-VIDEOTHEK
**Karate**
Einführung und Grundtechniken
(6037) VHS, ca. 45 Minuten, in Farbe, mit Begleitheft, **DM 69,–**, S 619,–
(unverbindliche Preisempfehlung)

Falls durch besondere Umstände Preisänderungen notwendig werden, erfolgt Auftragserledigung zu dem bei der Lieferung gültigen Preis.

# Nützliche Ratgeber

Stand: Sommer 1988

## Essen und Trinken

FALKEN EXKLUSIV
**Kochen in höchster Vollendung**
Aus vier Elementen ist alles zusammengefügt (Theophrast). (4291) Von M. Wissing, M. Kirsch, 160 S., 230 Farbfotos, Leinen geprägt mit Schutzumschlag, im Schuber, **DM 98,–**, S 784.–

**Was koche ich heute?**
Neue Rezepte für Fix-Gerichte. (0608) Von A. Badelt-Vogt, 112 S., 16 Farbtafeln, kart. ●

**Kochen für 1 Person**
Rationell wirtschaften, abwechslungsreich und schmackhaft zubereiten. (0586) Von M. Nicolin, 136 S., 8 Farbtafeln, 23 Zeichnungen, kart. ●

Schnell und individuell
**Die raffinierte Single-Küche**
(4266) Von F. Faist, 160 S., 151 Farbfotos, Pappband. ●●●

**Gesunde Kost aus dem Römertopf**
(0442) Von J. Kramer, 128 S., 8 Farbtafeln, 13 Zeichnungen, kart. ●

FALKEN-FEINSCHMECKER
Pasta in Höchstform **Nudeln**
(0884) Von M. Kirsch, 64 S., 62 Farbfotos, Pappband. ●

**Nudelgerichte**
– lecker, locker, leicht zu kochen. (0466) Von C. Stephan, 80 S., 8 Farbtafeln, kart. ●

FALKEN-FEINSCHMECKER
In Hülle und Fülle
**Pasteten und Terrinen**
(0883) Von M. Kirsch, 48 S., 62 Farbfotos, Pappband. ●

FALKEN-FEINSCHMECKER
Spezialitäten unter knuspriger Decke
**Aufläufe**
(0882) Von C. Adam, 48 S., 33 Farbfotos, Pappband. ●

**Eintöpfe und Aufläufe**
Das Beste aus den Kochtöpfen der Welt (5079) Von A. und G. Eckert, 64 S., 50 Farbfotos, Pappband. ●●

FALKEN-FEINSCHMECKER
Herzhaftes für Leib und Seele
**Eintöpfe**
(0820) Von P. Klein, 48 S., 30 Farbfotos, Pappband. ●

**Schnell und gut gekocht**
Die tollsten Rezepte für den Schnellkochtopf. (0265) Von J. Ley, 96 S., 8 Farbtafeln, kart. ●

**Kochen und backen im Heißluftherd**
Vorteile, Gebrauchsanleitung, Rezepte. (0516) Von K. Kölner, 72 S., 8 Farbtafeln, kart. ●

Zaubern mit der schnellen Welle
**Die neue Mikrowellenküche**
(4289) Von F. Faist, 208 S., 188 Farbfotos, Pappband. ●●●

**Das neue Mikrowellen-Kochbuch**
(0434) Von H. Neu, 64 S., 4 Farbtafeln, 16 s/w Zeichnungen, kart. ●

**Ganz und gar mit Mikrowellen**
(4094) Von T. Peters, 208 S., 24 Farbfotos, 12 Zeichnungen, kart. ●●●

FALKEN-FEINSCHMECKER
Schnell auf den Tisch gezaubert
**Kochen mit Mikrowellen**
(0818) Von A. Danner, 64 S., 52 Farbfotos, Pappband. ●

**Marmeladen, Gelees und Konfitüren**
Köstlich wie zu Omas Zeiten – einfach selbstgemacht. (0720) Von M. Gutta, 32 S., 23 Farbfotos, 1 Zeichnung, Pappband. ●

**Einkochen**
nach allen Regeln der Kunst. (0405) Von B. Müller, 128 S., 8 Farbtafeln, kart. ●

**Einkochen, Einlegen, Einfrieren**
(4055) Von B. Müller, 152 S., 27 s/w.-Abb., kart. ●●

**Haltbarmachen in der Öko-Küche**
Gesunde Konservierungsmethoden für Obst, Gemüse, Kräuter und Pilze. (0932) Von M. Bustorf-Hirsch, 120 S., 56 Farbfotos, 36 Farbzeichnungen. kart. ●●

FALKEN-FEINSCHMECKER
Goldbraun und knusprig
**Fritierte Leckerbissen**
(0868) Von F. Faist, 64 S., 47 Farbfotos, Pappband. ●

**Das neue Fritieren**
geruchlos, schmackhaft und gesund. (0365) Von P. Kühne, 96 S., 8 Farbtafeln, kart. ●

FALKEN-FEINSCHMECKER
Die Krönung der feinen Küche
**Saucen**
(0817) Von G. Cavestri, 48 S., 40 Farbfotos, Pappband. ●

FALKEN-FEINSCHMECKER
Edler Kern in harter Schale
**Meeresfrüchte**
(0886) Von L. Grieser, 48 S., 52 Farbfotos, Pappband. ●

FALKEN-FEINSCHMECKER
Von Tatar und falschen Hasen
**Hackfleisch**
(0866) Von A. und G. Eckert, 64 S., 42 Farbfotos, Pappband. ●

Mehr Freude und Erfolg beim **Grillen**
(4141) Von A. Berliner, 160 S., 147 Farbfotos, 10 farbige Zeichnungen, Pappband. ●●●

**Grillen für Geniesser**
Fleisch · Fisch · Beilagen · Soßen. (5001) Von E. Fuhrmann, 64 S., 38 Farbfotos, Pappband. ●●

FALKEN-FEINSCHMECKER
Köstliches von Rost und Spieß
**Grillen**
(0931) Von A. Kalcher-Dähn, H. K. Kalcher, 64 S., 43 Farbfotos, Pappband. ●

**Chinesisch kochen**
mit dem Wok-Topf und dem Mongolen-Topf. (0557) Von C. Korn, 64 S., 8 Farbtafeln, kart. ●

FALKEN-FEINSCHMECKER
Verheißungsvoll fernöstlich
**Spezialitäten aus dem Wok**
(0933) Von H. K. Jen, 64 S., 56 Farbfotos, Pappband. ●

Schlemmerreise durch die
**Chinesische Küche**
(4184) Von K. H. Jen, 160 S., 117 Farbfotos, Pappband. ●●●

**Nordische Küche**
Speisen und Getränke von der Küste. (5082) Von J. Kürtz, 64 S., 44 Farbfotos, Pappband. ●●

**Essen in Hessen**
Spezialitäten zwischen Schwalm und Odenwald. (0837) Von R. Witt, 120 S., 10 s/w-Zeichnungen, Pappband. ●●

Schlemmerreise durch die
**Französische Küche**
(4296) Von H. Imhof, 160 S., 147 Farbfotos, 3 s/w-Fotos, Pappband. ●●●

**Französisch kochen**
Eine kulinarische Reise durch Frankreich. (5016) Von M. Gutta, 64 S., 35 Farbfotos, Pappband. ●●

**Französische Küche**
(0685) Von M. Gutta, 96 S., 16 Farbtafeln, kart. ●

**Französische Spezialitäten aus dem Backofen**
Herzhafte Tartes und Quiches mit Fleisch, Fisch, Gemüse und Käse (5146) Von P. Klein, 64 S., 43 Farbfotos, Pappband. ●●

FALKEN-FEINSCHMECKER
Aus lauter Lust und Liebe
**Knoblauch**
(0867) Von L. Reinirkens, 64 S., 45 Farbfotos, Pappband. ●

Kochen und würzen mit **Knoblauch**
(0725) Von A. und G. Eckert, 96 S., 8 Farbtafeln, kart. ●

Schlemmerreise durch die
**Italienische Küche**
(4172) Von V. Pifferi. 160 S., 109 Farbfotos, Pappband. ●●●

**Pizza, Pasta und die feine italienische Küche**
(4270) Von R. Rudatis, 120 S., 255 Farbfotos, Pappband. ●●

**Italienische Küche**
Ein kulinarischer Streifzug mit regionalen Spezialitäten. (5026) Von M. Gutta, 64 S., 35 Farbfotos, Pappband. ●●

FALKEN-FEINSCHMECKER
Schlemmen wie bei Mamma Maria
**Pizzas**
(0815) Von F. Faist, 64 S., 62 Farbfotos, Pappband. ●

**Köstliche Pilzgerichte**
Tips und Rezepte für die häufigsten Pilzgattungen. (5133) Von V. Spicker-Noack, M. Knoop, 64 S., 52 Farbfotos, Pappband. ●●

**Fondues**
und fritierte Leckerbissen. (0471) Von S. Stein, 96 S., 8 Farbtafeln, kart. ●

**Fondues · Raclettes · Flambiertes**
(4081) Von R. Peiler und M.-L. Schult, 136 S., 15 Farbtafeln, 28 Zeichnungen, kart. ●●

**Neue, raffinierte Rezepte mit dem Raclette-Grill**
(0558) Von L. Helger, 56 S., 8 Farbtafeln, kart. ●

**Rezepte rund um Raclette und Doppeldecker**
(0420) Von J. W. Hochscheid, 72 S., 8 Farbtafeln, kart. ●

Die hier vorgestellten Bücher, Videokassetten und Software sind in folgende Preisgruppen unterteilt:

● Preisgruppe bis DM 10,–/S 79,–
●● Preisgruppe über DM 10,– bis DM 20,– S 80,– bis S 160,–
●●● Preisgruppe über DM 20,– bis DM 30,– S 161,– bis S 240,–
●●●● Preisgruppe über DM 30,– bis DM 50,– S 241,– bis S 400,–
●●●●● Preisgruppe über DM 50,–/S 401,–
*(unverbindliche Preisempfehlung)

Die Preise entsprechen dem Status beim Druck dieses Verzeichnisses (s. Seite 1) – Änderungen, im besonderen der Preise, vorbehalten –

**Fondues und Raclettes**
(4253) Von F. Faist, 160 S., 125 Farbfotos, Pappband. ●●●

FALKEN-FEINSCHMECKER
Schmelzendes Käsevergnügen
**Raclette**
(0881) Von F. Faist, 48 S., 33 Farbfotos, Pappband. ●

Kulinarischer Feuerzauber
**Flambieren**
(4294) Von R. Wesseler, 120 S., 100 Farbfotos, Pappband. ●●●

Kochen und würzen mit
**Paprika**
(0792) Von A. und G. Eckert, 88 S., 8 Farbtafeln, kart. ●

Köstlichkeiten für Gäste und Feste
**Kalte Platten**
(4200) Von I. Pfliegner. 160 S., 130 Farbfotos, Pappband. ●●●

**Kalte Happen und Partysnacks**
Canapés, Sandwiches, Pastetchen, Salate und Suppen. (5029) Von D. Peters, 64 S., 44 Farbfotos, Pappband. ●●

**Garnieren und Verzieren**
(4236) Von R. Biller, 160 S., 329 Farbfotos, 57 Zeichnungen, Pappband. ●●●

**Desserts**
Puddings, Joghurts, Fruchtsalate, Eis, Gebäck, Getränke. (5020) Von M. Gutta, 64 S., 41 Farbfotos, Pappband. ●●

FALKEN-FEINSCHMECKER
Süße Verführungen
**Desserts**
(0885) Von M. Bacher, 64 S., 75 Farbfotos, Pappband. ●

FALKEN-FEINSCHMECKER
Süße Geheimnisse eiskalt gelüftet
**Eis und Sorbets**
(0870) Von H. W. Liebheit, 48 S., 38 Farbfotos, Pappband. ●

**Crêpes, Omeletts und Soufflés**
Pikante und süße Spezialitäten. (5131) Von J. Rosenkranz, 64 S., 45 Farbfotos, Pappband. ●●

**Kuchen und Torten**
Die besten und beliebtesten Rezepte. (5067) Von M. Sauerborn, 64 S., 79 Farbfotos, Pappband. ●●

**Tortenträume und Kuchenfantasien**
Gebackene Köstlichkeiten originell dekoriert und verziert. (0823) Von F. Faist, 80 S., 150 Farbfotos, kart. ●●

**Backen** mit Lust und Liebe
(4284) Von M. Schumacher, R. Krake, 242 S., 348 Farbfotos, 18 farb. Vignetten, 3 vierseitige Ausklapptafeln, Pappband. ●●●●

**Backen, was allen schmeckt**
Kuchen, Torten, Gebäck und Brot. (4166) Von E. Blome, 556 S., 40 Farbtafeln, Pappband. ●●●

**Meine Vollkornbackstube**
Brot · Kuchen · Aufläufe. (0616) Von R. Raffelt, 96 S., 4 Farbtafeln, 12 Zeichnungen, kart. ●

FALKEN-FEINSCHMECKER
Knusprig, kernig, urgesund
**Vollkornbrot**
(0938) Von S. Reiter, 64 S., 56 Farbfotos, Pappband. ●

FALKEN-FEINSCHMECKER
Mit Körnern, Zimt und Mandelkern
**Vollkorngebäck**
(0816) Von M. Bustorf-Hirsch, 48 S., 39 Farbfotos, Pappband. ●

**Biologisch Backen**
Neue Rezeptideen für Kuchen, Brote, Kleingebäck aus vollem Korn. (4174) Von M. Bustorf-Hirsch, 136 S., 15 Farbtafeln, 47 Zeichnungen, kart. ●●

**Selbst Brotbacken**
Über 50 erprobte Rezepte. (0370) Von J. Schiermann, 80 S., 6 Zeichnungen, 4 Farbtafeln, kart. ●

Mehr Freude und Erfolg beim
**Brotbacken**
(4148) Von A. und G. Eckert, 160 S., 177 Farbfotos, Pappband. ●●●

**Brotspezialitäten**
knusprig backen – herzhaft kochen. (5088) Von J. W. Hochscheid, L. Helger, 64 S., 48 Farbfotos, Pappband. ●●

**Weihnachtsbäckerei**
Köstliche Plätzchen, Stollen, Honigkuchen und Festtagstorten. (0682) Von M. Sauerborn, 32 S., 34 Farbfotos, Pappband. ●

**Waffeln**
süß und pikant. (0522) Von C. Stephan, 64 S., 8 Farbtafeln, kart. ●

**Alles mit Joghurt**
tagfrisch selbstgemacht. Mit vielen Rezepten. (0382) Von G. Volz, 88 S., 8 Farbtafeln, kart. ●

**Joghurt, Quark, Käse und Butter**
Schmackhaftes aus Milch hausgemacht. (0739) Von M. Bustorf-Hirsch. 32 S., 59 Farbabb., Pappband. ●

FALKEN-FEINSCHMECKER
Raffiniert und gesund würzen
**Kräuterküche**
(0869) Von A. Görgens, 48 S.,43 Farbfotos, Pappband. ●

**Miekes Kräuter- und Gewürzkochbuch**
(0323) Von I. Persy, K. Mieke, 96 S., 8 Farbtafeln, kart. ●

Das köstliche knackige Schlemmervergnügen.
**Salate**
(4165) Von V. Müller. 160 S., 80 Farbfotos, Pappband. ●●●

FALKEN-FEINSCHMECKER
Frisch und leicht als Hauptgericht
**Schlemmersalate**
(0934) Von C. Adam, 64 S., 49 Farbfotos, Pappband. ●

**111 köstliche Salate**
Erprobte Rezepte mit Pfiff. (0222) Von C. Schönherr, 96 S., 8 Farbtafeln, 30 Zeichnungen, kart. ●

FALKEN-FEINSCHMECKER
Köstlich frisch auf den Tisch
**Rohkostsalate**
(0865) Von C. Adam, 48 S., 26 Farbfotos, Pappband. ●

**Die abwechslungsreiche Vollwertküche**
Vitaminreich und naturbelassen kochen und backen. (4229) Von M. Bustorf-Hirsch, K. Siegel, 280 S., 31 Farbtafeln, 78 Zeichnungen, Pappband. ●●●●

**Die feine Vollwertküche**
(4286) Von M. Bustorf-Hirsch, 160 S., 83 Farbfotos, Pappband. ●●●

**Meine Vollkornküche**
Herzhaftes von echtem Schrot und Korn (0858) Von S. Walz, 128 S., 8 Farbtafeln, kart. ●

FALKEN-FEINSCHMECKER
Dinkel, Hirse, Roggenkorn…
**Kerniges aus der Getreideküche**
(0932) Von S. Frank, 64 S., 49 Farbfotos, Pappband. ●

FALKEN-FEINSCHMECKER
Die verlockende Alternative
**Süße Vollwertküche**
(0936) Von A. Roßmeier, 64 S., 50 Farbfotos, Pappband. ●

FALKEN-FEINSCHMECKER
Die gesunde Art, sich zu verwöhnen
**Vollwertküche für Singles**
(0937) Von A. Görgens, 64 S., 43 Farbfotos, Pappband. ●

**Alternativ essen**
**Die gesunde Sojaküche.**
(0553) Von U. Kolster, 112 S., 8 Farbtafeln, kart. ●

**Kochen mit Tofu**
Die gesunde Alternative. (0894) Von U. Kolster, 80 S., 8 Farbtafeln, kart. ●

**Das Reformhaus-Kochbuch**
Gesunde Ernährung mit hochwertigen Naturprodukten. (4180) Von A. und G. Eckert, 160 S. 15 Farbtafeln, Pappband. ●●●

**Gesund kochen mit Keimen und Sprossen**
(0794) Von M. Bustorf-Hirsch, 104 S., 8 Farbtafeln, 13 s/w-Zeichnungen, kart. ●

**Keime und Sprossen in der Naturküche**
(4299) Von M. Bustorf-Hirsch, 96 S., 144 Farbfotos, Pappband. ●●

**Die feine Vegetarische Küche**
(4235) Von F. Faist, 160 S., 191 Farbfotos, Pappband. ●●●

**Biologische Ernährung**
für eine natürliche und gesunde Lebensweise. (4125) Von G. Leibold, 136 S., 15 Farbtafeln, 47 Zeichnungen, kart. ●●

**Gesunde Ernährung für mein Kind**
(0776) Von M. Bustorf-Hirsch, 96 S., 8 Farbtafeln, 5 s/w Zeichnungen, kart. ●

Vitaminreich und naturbelassen
**Biologisch Kochen**
(4162) Von M. Bustorf-Hirsch, K. Siegel, 144 S., 15 Farbtafeln, 31 Zeichnungen, kart. ●●

**Gesund kochen**
wasserarm · fettfrei · aromatisch. (4060) Von M. Gutta, 240 S., 16 Farbtafeln, Pappband. ●●●

**Naturküche à la carte**
(4406) Von M. Wissing, M. Kirsch, 160 S., 179 Farbfotos, Pappband. ●●●●

**Würzig kochen ohne Salz**
(0922) Von S. Roediger-Streubel, 160 S., 16 Farbtafeln, kart. ●●

**Natursammlers Kuchbuch**
Wildfrüchte und Gemüse, Pilze, Kräuter – finden und zubereiten. (4040) Von C. M. Kerler, 140 S., 12 Farbtafeln, kart. ●●

**Kräuter- und Heilpflanzen-Kochbuch**
für eine gesunde Lebensweise. (4066) Von P. Pervenche, 143 S., 15 Farbtafeln. kart. ●●**Pralinen und Konfekt**
Kleine Köstlichkeiten selbstgemacht. (0731) Von H. Engelke, 32 S., 57 Farbfotos, Pappband. ●

FALKEN-FEINSCHMECKER
Zart schmelzende Versuchungen
**Schokolade**
(0819) Von J. Schroer, 48 S., 53 Farbfotos, Pappband. ●

Die hier vorgestellten Bücher, Videokassetten und Software sind in folgende Preisgruppen unterteilt:

● Preisgruppe bis DM 10,–/S 79,–
●● Preisgruppe über DM 10,– bis DM 20,– S 80,– bis S 160,–
●●● Preisgruppe über DM 20,– bis DM 30,– S 161,– bis S 240,–
●●●● Preisgruppe über DM 30,– bis DM 50,– S 241,– bis S 400,–
●●●●● Preisgruppe über DM 50,–/S 401,–
*(unverbindliche Preisempfehlung)

Die Preise entsprechen dem Status beim Druck dieses Verzeichnisses (s. Seite 1) – Änderungen, im besonderen der Preise, vorbehalten –

**Das richtige Frühstück**
Gesunde Vollwertkost vitaminreich und naturbelassen. (0784) Von C. Kratzel, R. Böll, 32 S., 28 Farbfotos, Pappband. ●

**Bocuse à la carte**
Französisch kochen mit dem Meister. (4237) Von P. Bocuse, 88 S., 218 Farbfotos, Pappband. ●●

**Kochschule mit Paul Bocuse**
(6016) VHS, 60 Min. in Farbe. ●●●●●*

**Der schön gedeckte Tisch**
Vom einfachen Gedeck bis zur Festtafel stimmungsvoll und perfekt arrangiert. (4246) Von H. Tapper, 112 S., 206 Farbabbildungen, 21 s/w-Abbildungen, Pappband. ●●●

**Servietten dekorativ falten**
Geschmackvolle Anregungen aus Stoff und Papier. (0804) Von H. Tapper, 3T S., 134 Farbfotos, Pappband. ●

**Cocktails**
(4267) Von W. R. Hoffmann, W. Hubert, U. Lottring, 160 S., 164 Farbfotos, 1 s/w-Foto, Pappband. ●●●

**Neue Cocktails und Drinks**
mit und ohne Alkohol. (0517) Von S. Späth, 128 S., 4 Farbtafeln, kart., ●

**Mixgetränke**
mit und ohne Alkohol (5017) Von C. Arius, 64 S., 35 Farbfotos, Pappband. ●●

FALKEN-FEINSCHMECKER
Fruchtig, spritzig, eisgekühlt
**Mixen ohne Alkohol**
(0935) Von S. Späth, 64 S., 44 Farbfotos, Pappband. ●

**Cocktails und Mixereien**
für häusliche Feste und Feiern. (0075) Von J. Walker, 96 S., 4 Farbtafeln, kart. ●

**Die besten Punsche, Grogs und Bowlen**
(0575) Von F. Dingden, 64 S., 4 Farbtafeln, kart. ●

**Weine und Säfte, Liköre und Sekt**
selbstgemacht. (0702) Von P. Arauner, 232 S., 76 Abb., kart. ●●

**Mitbringsel aus meiner Küche**
selbst gemacht und liebevoll verpackt. (0668) Von C. Schönherr, 32 S., 30 Farbfotos, Pappband. ●

**Weinlexikon**
Wissenswertes über die Weine der Welt. (4149) Von U. Keller, 228 S., 6 Farbtafeln, 395 s/w-Fotos, Pappband. ●●●

**Heißgeliebter Tee**
Sorten, Rezepte und Geschichten. (4114) Von C. Maronde, 153 S., 16 Farbtafeln, 93 Zeichnungen, Pappband. ●●●

**Tee für Genießer.**
Sorten · Riten · Rezepte. (0356) Von M. Nicolin, 64 S., 4 Farbtafeln, kart. ●

**Tee**
Herkunft · Mischungen · Rezepte. (0515) Von S. Ruske, 96 S., 4 Farbtafeln, 16 s/w-Abbildungen, Pappband. ●

**Kinder lernen spielend backen**
(5110) Von M. Gutta, 64 S., 45 Farbfotos, Pappband. ●●

**Kinder lernen spielend kochen**
Lieblingsgerichte mit viel Spaß selbst zubereitet. (5096) Von M. Gutta, 64 S., 45 Farbfotos, Pappband, ●●

**Komm, koch mit mir**
Kunterbuntes Kochvergnügen für Kinder. (4285) Von S. und H. Theilig, Illustrationen von B. v. Hayek, 96 S., 48 Farbfotos, 350 Farb- und 1 s/w-Zeichnung, Pappband. ●●

Schlank werden nach Dr. Hay
**Trennkost**
Die bewährten Vollwert-Rezepte von Ursula Summ. (4298) Von U. Summ, 96 S., 54 Farbtafeln, 1 Zeichnung, kart. ●●

Gesund leben – schlank werden mit der
**Bio-Kur**
(0657) Von S. Winter. 144 S., 4 Farbtafeln, kart. ●

**SLIM**
Der neue, individuelle Schlankheitsplan (4277) Von Prof. Dr. E. Menden, W. Aign. 120 S., 440 Farbfotos, Pappband. ●●●

**Kalorien – Joule**
Eiweiß · Fett · Kohlenhydrate tabellarisch nach gebräuchlichen Mengen. (0374) Von M. Bormio, 88 S., kart. ●

**Vitamine und Ballaststoffe**
So ermittle ich meinen täglichen Bedarf (0746) Von Prof. Dr. M. Wagner, I. Bongartz. 96 S., 6 Farbabb., zahlreiche Tabellen, kart. ●

# Hobby und Freizeit

**Aquarellmalerei**
als Kunst und Hobby. (4147) Von H. Haack, B. Wersche, 136 S., 62 Farbfotos, 119 Zeichnungen, Pappband. ●●●●

**Aquarellmalerei**
Materialien · Techniken · Motive. (5099) Von T. Hinz, 64 S., 79 Farbfotos, Pappband. ●●

**Hobby Aquarellmalen**
Landschaft und Stilleben. (0876) Von I. Schade, A. Brück, 80 S., 111 Farbabbildungen, kart. ●●

Videokassette
**Hobby Aquarellmalen**
Landschaft und Stilleben (6022) VHS, ca. 40 Min., in Farbe, ●●●●*

**Aquarellmalerei leicht gelernt**
Materialien · Techniken · Motive. (0787) Von T. Hinz, R. Braun, B. Zeidler, 32 S., 38 Farbfotos, 1 Zeichnung, Pappband. ●

**Aquarellieren auf Seide**
Materialien · Techniken · Motive. (0917) Von I. Demharter, 32 S., 41 Farbfotos, Pappband. ●

**Hobby Ölmalerei**
Landschaft und Stilleben. (0875) Von H. Kämper, I. Becker, 80 S., 93 Farbabb., kart. ●●

Videokassette
**Hobby Ölmalerei**
Landschaft und Stilleben (6025) VHS, ca. 40 Min., in Farbe, ●●●●*

Falken-Handbuch
**Zeichnen und Malen**
(4167) Von B. Bagnall, 336 S., 1154 Farbabb., Pappband. ●●●●●

Das große farbige PLAKA-Buch
**Malen und Basteln**
(4402) Von H.-J. Giesecke, 192 S., 225 Farbfotos, 20 Farb- und 4 s/w- Zeichnungen, Pappband. ●●

Das große farbige
**Bastelbuch für Kinder**
(4254) Von U. Barff, I. Burkhardt, J. Maier. 224 S., 157 Farbfotos, 430 Farb- und 69 s/w-Zeichnungen, Pappband. ●●●

**Punkt, Punkt, Komma, Strich**
Zeichenstunden für Kinder. (0564) Von H. Witzig, 144 S., über 250 Zeichnungen, kart. ●

**Einmal grad und einmal krumm**
Zeichenstunden für Kinder. (0599) Von H. Witzig, 144 S., 363 Abb. kart. ●

**Naive Malerei**
Materialien · Motive · Techniken. (5083) Von F. Krettek, 64 S., 76 Farbfotos, Pappband. ●●

**Bauernmalerei**
als Kunst und Hobby. (4057) Von A. Gast, H. Stegmüller, 128 S., 239 Farbfotos, 26 Riß-Zeichnungen, Pappband. ●●●●

**Hobby Bauernmalerei**
(0436) Von S. Ramos und J. Roszak, 80 S., 116 Farbfotos und 28 Motivvorlagen, kart. ●●

**Bauernmalerei**
Kreatives Hobby nach alter Volkskunst (5039) Von S. Ramos, 64 S., 85 Farbfotos, Pappband. ●●

**Glasmalerei**
als Kunst und Hobby. (4088) Von F. Krettek und S. Beeh-Lustenberger, 132 S., 182 Farbfotos, 38 Motivvorlagen, Pappband. ●●●●

**Naive Hinterglasmalerei**
Materialien · Techniken · Bildvorlagen (5145) Von F. Krettek, 64 S., 87 Farbfotos, 6 Zeichnungen, Pappband. ●●

**Kalligraphie**
Die Kunst des schönen Schreibens (4263) Von C. Hartmann, 120 S., 44 Farbvorlagen, 29 s/w-Vorlagen, 2 s/w-Zeichnungen, 38 Farbfotos, Pappband. ●●●●

**Seidenmalerei als Kunst und Hobby**
(4264) Von S. Hahn, 136 S., 256 Farbfotos, 1 s/w-Foto, 34 Farbzeichnungen, Pappband. ●●●●

**Kunstvolle Seidenmalerei**
Mit zauberhaften Ideen zum Nachgestalten. (0783) Von I. Demharter, 32 S., 56 Farbfotos, Pappband. ●

**Zauberhafte Seidenmalerei**
Materialien · Techniken · Gestaltungsvorschläge. (0664) Von E. Dorn, 32 S., 62 Farbfotos, Pappband. ●

**Neue zauberhafte Seidenmalerei**
Motive und Anregungen aus der Natur. (0924) Von R. Henge, 80 S., 148 Farbfotos, 27 s/w-Zeichnungen, kart. ●●

**Hobby Seidenmalerei**
(0611) Von R. Henge, 88 S., 106 Farbfotos, 28 Zeichnungen, kart. ●●

**Hobby Stoffdruck und Stoffmalerei**
(0555) Von A. Ursin, 80 S., 68 Farbfotos, 68 Zeichnungen, kart. ●●

**Stoffmalerei und Stoffdruck**
Materialien · Techniken · Ideen · Modelle (5074) Von H. Gehring, 64 S., 110 Farbfotos, Pappband. ●●

**Batik**
leicht gemacht. Materialien ·Färbetechniken · Gestaltungsideen. (5112) Von A. Gast, 64 S., 105 Farbfotos, Pappband. ●●

Die hier vorgestellten Bücher, Videokassetten und Software sind in folgende Preisgruppen unterteilt:

● Preisgruppe bis DM 10,–/S 79,–
●● Preisgruppe über DM 10,– bis DM 20,– S 80,– bis S 160,–
●●● Preisgruppe über DM 20,– bis DM 30,– S 161,– bis S 240,–
●●●● Preisgruppe über DM 30,– bis DM 50,– S 241,– bis S 400,–
●●●●● Preisgruppe über DM 50,–/S 401,–
*(unverbindliche Preisempfehlung)

Die Preise entsprechen dem Status beim Druck dieses Verzeichnisses (s. Seite 1) – Änderungen, im besonderen der Preise, vorbehalten –

**Kreatives Bilderweben**
Materialien – Vorlagen – Motive
(0814) Von A. Schulte-Huxel, 32 S., 58 Farbfotos, 8 Zeichnungen, Pappband. ●

**Hobby Applikationen**
Materialien · Techniken · Modelle.
(0899) Von H. Probst-Reinhardt, 80 S., 92 Farbfotos, 31 Zeichnungen, kart. ●●

**Flechten**
mit Bast, Stroh und Peddigrohr. (5098) Von H. Hangleiter, 64 S., 47 Farbfotos, 76 Zeichnungen, Pappband. ●●

Falken-Handbuch
**Nähen**
Abc der Nähtechniken und kreative Modellschneiderei in ausführlichen Schritt-für-Schritt-Bildfolgen. (4272) Von A. Bree, 320 S., 1142 Abbildungen, Schnittmusterbogen für alle Modelle, Pappband. ●●●●

Falken-Handbuch
**Häkeln**
ABC der Häkeltechniken und Häkelmuster in ausführlichen Schritt-für-Schritt-Bildfolgen. (4194) Von H. Fuchs, M. Natter, 288 S., 597 Farbfotos, 476 farbige Zeichnungen. Pappband. ●●●●

**Häkeln**
Schritt für Schritt für Rechts- und Linkshänder. (5134) Von H. Klaus, 64 S., 120 Farbfotos, 144 Zeichnungen, Pappband. ●●

**Monogrammstickerei**
Mit Vorlagen für Initialen, Vignetten und Ornamente. (5148) Von H. Fuchs, 64 S., 50 Farbfotos, 50 Zeichnungen, Pappband. ●●

Falken-Handbuch
**Stricken**
ABC der Stricktechniken und Strickmuster in ausführlichen Schritt-für-Schritt-Bildfolgen. (4137) Von M. Natter, 312 S., 106 Farb- und 922 s/w-Fotos, 318 Zeichnungen, Pappband. ●●●●

Das moderne Standardwerk von der Expertin
**Perfekt Stricken**
Mit Sonderteil Häkeln. (4250) Von H. Jaacks, 256 S., 703 Farbfotos, 169 Farb- und 121 s/w-Zeichnungen, Pappband. ●●●

**Videokassette Stricken**
(6007) VHS. Von P. Krolikowski-Habicht, H. Jaacks, 51 Min., in Farbe. ●●●●*

**Stricken**
Schritt für Schritt für Rechts- und Linkshänder. (5142) Von S. Oelwein-Schefczik, 64 S., 148 Farbfotos, 173 Zeichnungen, Pappband. ●●

**Die schönsten Handarbeiten zum Verschenken**
(4225) Von B. Wenzelburger, 128 S., 156 Farbfotos, 70 zweifarbige Zeichnungen, Pappband. ●●●●

**Kuscheltiere stricken und häkeln**
Arbeitsanleitungen und Modelle. (0734) Von B. Wehrle, 32 S., 60 Farbfotos, 28 Zeichnungen, Spiralbindung. ●

**Hobby Patchwork und Quilten**
(0768) Von B. Staub-Wachsmuth, 80 S., 108 Farbabb., 43 Zeichnungen, kart. ●●

**Hobby Spitzencollagen**
Bezaubernde Motive aus edlem Material. (0847) Von H. Westphal, 80 S., 186 Farbfotos, kart. ●●

**Textiles Gestalten**
Weben, Knüpfen, Batiken, Sticken, Objekte und Strukturen. (5123) Von J. Fricke, 136 S., 67 Farb- und 189 s/w-Fotos, 15 Zeichnungen, kart. ●●

**Gestalten mit Glasperlen**
fädeln · sticken · weben (0640) Von A. Köhler, 32 S., 55 Farbfotos, Spiralbindung. ●

**Schmuck, Accessoires und Dekoratives**
aus Fimo modelliert. (0873) Von A. Aurich, 32 S., 54 Farbfotos, Pappband. ●

**Exklusiver Modeschmuck**
aus dem eigenen Atelier
(0925) Von J. Niemeier, J. Klein, 80 S., 141 Farbfotos, 25 Zeichnungen, kart. ●●

**Neue zauberhafte Salzteig-Ideen**
(0719) Von I. Kiskalt, 80 S., 324 Farbfotos, 12 Zeichnungen, kart. ●●

**Hobby Salzteig**
(0662) Von I. Kiskalt, 80 S., 150 Farbfotos, 5 Zeichnungen, Schablonen, kart. ●●

**Gestalten mit Salzteig**
formen · bemalen · lackieren. (0613) Von W.-U. Cropp, 32 S., 56 Farbfotos, 17 Zeichnungen, Pappband. ●

Originell und dekorativ
**Salzteig mit Naturmaterialien**
(0833) Von A. und H. Wegener, 80 S., 166 Farbfotos, kart. ●●

**Buntbemalte Kunstwerke aus Salzteig**
Figuren, Landschaften und Wandbilder. (5141) Von G. Belli, 64 S., 165 Farbfotos, 1 Zeichnung, Pappband. ●●

**Kreatives Gestalten mit Salzteig**
Originelle Motive für Fortgeschrittene. (0769) Hrsg. I. Kiskalt, 80 S., 168 Farbfotos, kart. ●●

**Videokassette Salzteig**
(6010) VHS. Von I. Kiskalt, Dr. A. Teuchert, in Farbe, ca. 35 Min. ●●●●●*

**Tiffany-Spiegel selbermachen**
Materialien · Arbeitsanleitung · Vorlagen. (0761) Von R. Thomas, 32 S., 53 Farbfotos, Pappband. ●

**Tiffany-Schmuck selbermachen**
Materialien · Arbeitsanleitungen · Modelle. (0871) Von B. Poludniak, H. W. Scheib, 32 S., 54 Farbfotos, 3 Zeichnungen, Pappband. ●

**Tiffany-Lampen selbermachen**
Arbeitsanleitung · Materialien · Modelle. (0684) Von I. Spliethoff, 32 S., 60 Farbfotos, Pappband. ●

**Hobby Glaskunst in Tiffany-Technik**
(0781) Von N. Köppel, 80 S., 194 Farbfotos, 6 s/w-Abb., kart. ●●

Altes Brauchtum neu endeckt
**Schmuck-Eier**
Kunstvoll gestalten und verzieren. (0919) Von I. Kiskalt, 32 S., 45 Farbfotos, 3 s/w-Zeichnungen, Pappband. ●

**Origami –**
Die Kunst des Papierfaltens. (0280) Von R. Harbin, 160 S., 633 Zeichnungen, kart. ●

**Hobby Origami**
Papierfalten für groß und klein. (0756) Von Z. Aytüre-Scheele, 88 S., über 800 Farbfotos, kart. ●●

**Neue zauberhafte Origami-Ideen**
Papierfalten für groß und klein. (0805) Von Z. Aytüre-Scheele, 80 S., 720 Farbfotos, kart. ●●

**Weihnachtsbasteleien**
(0667) Von M. Kühnle und S. Beck, 32 S., 56 Farbfotos, 6 Zeichnungen, Pappband. ●

Alle Jahre wieder…
**Advent und Weihnachten**
Basteln – Backen – Schmücken – Singen – Vorlesen – Feiern.
(4260) Von H. und Y. Nadolny, 256 S., 105 Farbfotos, 130 Zeichnungen, Pappband. ●●●

**Bastelspaß mit der Laubsäge**
Mit Schnittmusterbogen für viele Modelle in Originalgröße. (0741) Von L. Giesche, M. Bausch, 32 S., 61 Farbfotos, 7 Zeichnungen, Schnittmusterbogen, Pappband. ●

**Strohschmuck selbstgebastelt**
Sterne, Figuren und andere Dekorationen (0740) Von E. Rombach, 32 S., 60 Farbfotos, 17 Zeichnungen, Pappband. ●

**Das Herbarium**
Pflanzen sammeln, bestimmen und pressen. (5113) Von I. Gabriel, 96 S., 140 Farbfotos, Pappband. ●●

**Gestalten mit Naturmaterialien**
Zweige, Kerne, Federn, Muscheln und anderes. (5128) Von I. Krohn, 64 S., 101 Farbfotos, 11 farbige Zeichnungen, Pappband. ●●

**Blütenbilder aus Blumen und Blättern**
Phantasievolle Naturcollagen.
(0872) Von G. Schamp, 32 S., 57 Farbfotos, 1 Zeichnung, Pappband. ●

**Dauergestecke**
mit Zweigen, Trocken- und Schnittblumen. (5121) Von G. Vocke, 64 S., 57 Farbfotos, Pappband. ●●

**Ikebana**
Einführung in die japanische Kunst des Blumensteckens. (0548) Von G. Vocke, 152 S., 47 Farbfotos, kart. ●●

**Hobby Trockenblumen**
Gewürzsträuße, Gestecke, Kränze, Buketts. (0643) Von R. Strobel-Schulze, 88 S., 170 Farbfotos, kart. ●●

**Hobby Gewürzsträuße**
und zauberhafte Gebinde nach Salzburger Art. (0726) Von A. Ott, 80 S., 101 Farbfotos, 51 farbige Zeichnungen, kart. ●●

**Trockenblumen und Gewürzsträuße**
(5084) Von G. Vocke, 64 S., 63 Farbfotos, Pappband. ●●

**Töpfern**
als Kunst und Hobby. (4073) Von J. Fricke, 132 S., 37 Farbfotos, 222 s/w-Fotos, Pappband. ●●●●

Kreatives Gestalten mit Ton
**Töpfern ohne Scheibe – Aufbaukeramik**
(0896) Von A. Riedinger, 80 S., 207 Farbfotos, 16 Zeichnungen, 7 Vignetten, kart. ●●

**Schöne Sachen modellieren**
Originelles aus Cernit – ideenreich gestaltet. (0762) Von G. Thelen, 32 S., 105 Farbfotos, Pappband. ●

**Porzellanpuppen**
Zauberhafte alte Puppen selbst nachbilden. (5138) Von C. A. und D. Stanton, 64 S., 58 Farbfotos, 22 Zeichnungen, Pappband. ●●

**Zauberhafte alte Puppen**
Sammeln · Restaurieren · Nachbilden
(4255) Von C. A. Stanton, J. Jacobs, 120 S., 157 Farbfotos, 24 Zeichnungen, Pappband. ●●●●

Die hier vorgestellten Bücher, Videokassetten und Software sind in folgende Preisgruppen unterteilt:

● Preisgruppe bis DM 10,–/S 79,–
●● Preisgruppe über DM 10,– bis DM 20,– S 80,– bis S 160,–
●●● Preisgruppe über DM 20,– bis DM 30,– S 161,– bis S 240,–
●●●● Preisgruppe über DM 30,– bis DM 50,– S 241,– bis S 400,–
●●●●● Preisgruppe über DM 50,–/S 401,–
*(unverbindliche Preisempfehlung)

Die Preise entsprechen dem Status beim Druck dieses Verzeichnisses (s. Seite 1) – Änderungen, im besonderen der Preise, vorbehalten –

**Stoffpuppen**
Liebenswerte Modelle selbermachen. (5150) Von I. Wolff, 56 S., 115 Farbfotos, 15 Zeichnungen, mit Schnittmusterbogen, Pappband. ●●

**Hobby Puppen**
Bezaubernde Modelle selbst gestalten. (0742) Von B. Wenzelburger, 88 S., 163 Farbfotos, 41 Zeichnungen, 11 Schnittmuster, kart. ●●

**Selbstgestrickte Puppen**
Materialien und Arbeitsanleitungen. (0638) Von B. Wehrle, 32 S., 21 Farbfotos, 24 Zeichnungen, Pappband. ●

**Dekorative Rupfenpuppen**
Arbeitsanleitungen und Gestaltungsvorschläge. (0733) Von B. Wenzelburger, 32 S., 57 Farbfotos, 14 Zeichnungen, Spiralbindung. ●

**Phantasiepuppen stricken und häkeln**
Märchenhafte Modelle mit Arbeitsanleitungen. (0813) Von B. Wehrle, 32 S., 26 Farbfotos, 30 einfarbige und 16 dreifarbige Zeichnungen, Pappband. ●

**Heißgeliebte Teddybären**
Selbermachen · Sammeln · Restaurieren. (0900) Von H. Nadolny, Y. Thalheim, 80 S., 119 Farbfotos, 23 s/w-Zeichnungen, 14 S. Schnittmusterbogen, kart. ●●

**Schritt für Schritt zum Scherenschnitt**
Materialien · Techniken · Gestaltungsvorschläge. (0732) Von H. Klingmüller, 32 S., 38 Farbfotos, 34 Vorlagen, Pappband. ●

**Hobby Drachen**
bauen und steigen lassen. (0767) Von W. Schimmelpfennig, 80 S., 1 dreiseitige Ausklapptafel, 55 Farbfotos, 139 Zeichnungen, kart. ●●

**Ferngelenkte Motorflugmodelle**
bauen und fliegen. (0400) Von W. Thies, 184 S., mit Zeichnungen und Detailplänen, kart. ●●

**Flugmodelle**
bauen und einfliegen. (0361) Von W. Thies und W. Rolf, 160 S., 63 Abb., 7 Faltpläne, kart. ●●

**Kleine Welt auf Rädern**
Das faszinierende Spiel mit **Modelleisenbahnen** (4175) Von F. Eisen, 256 S., 72 Farb- und 180 s/w-Fotos, 25 Zeichnungen, Pappband. ●●●

**Anlagenbau in Modultechnik**
für Modelleisenbahnen und Dioramen. (0845) Von J. Thal, 104 S., 68 Farbfotos, 28 Zeichnungen, kart. ●●●

Videokassette
**Die Modelleisenbahn**
Anlagenbau in Modultechnik. Neue kreative Gestaltung. Neue raffinierte Techniken. (6028) VHS, von J. Grahn, 30 Min., in Farbe, ●●●●*

**Schiffsmodelle**
selber bauen. (0500) Von D. und R. Lochner, 200 S., 93 Zeichnungen, 2 Faltpläne, kart. ●●

**Ferngelenkte Segelflugmodelle**
bauen und fliegen. (0446) Von W. Thies, 176 S., 22 s/w-Fotos, 115 Zeichnungen, kart. ●●

**Garagentore selbst bemalt**
Techniken und Motive. (0786) Von H. und Y. Nadolny, 32 S., 24 Farbfotos, 12 s/w-Zeichnungen, Pappband. ●

Falken Handbuch
**Heimwerken**
Reparieren und Selbermachen im Haus und Wohnung - über 1100 Farbfotos. Praktische Tips vom Profi: Selbermachen, Reparieren, Renovieren, Kostensparen. (4117) Von Th. Pochert, 440 S., 1103 Farbfotos, 100 ein- und zweifarbige Abb., Pappband. ●●●●

Falken-Heimwerker-Praxis
**Tapezieren**
(0743) Von W. Nitschke, 112 S., 186 Farbfotos, 9 Zeichnungen, kart. ●●

Falken-Heimwerker-Praxis
**Anstreichen und Lackieren**
(0771) Von P. Müller, 120 S., 186 Farbfotos, 2 s/w Fotos, 3 Zeichnungen, kart. ●●

Falken-Heimwerker-Praxis
**Fahrrad-Reparaturen**
(0796) Von R. van der Plas, 112 S., 140 Farbfotos, 113 farbige Zeichnungen, kart. ●●

Falken-Heimwerker-Praxis
**Kleinmöbel aus Holz**
(0905) Von O. Maier, 128 S., 210 Farbfotos, 80 Zeichnungen, kart. ●●

**Restaurieren von Möbeln**
Stilkunde, Materialien, Techniken, Arbeitsanleitungen in Bildfolgen. (4120) Von E. Schnaus-Lorey, 152 S., 37 Farbfotos, 75 s/w Fotos, 352 Zeichnungen, Pappband. ●●●●

**Möbel aufarbeiten, reparieren und pflegen**
(0386) Von E. Schnaus-Lorey, 96 S., 28 Fotos, 101 Zeichnungen, kart. ●

Feuerzeichen behaglicher Wohnkultur
**Kachelöfen, Kamine und Kaminöfen**
(4288) Hrsg. von C. Berninghaus. Von R. Heinen, G. Kosicek, H. P. Sabborrosch, 168 S., 291 Farbfotos, 2 s/w-Fotos, 8 Zeichnungen, Pappband. ●●●●●

**Moderne Fotopraxis**
(4401) Von G. Koshofer, Prof. H. Wedewardt, 224 S., 363 Farbfotos, 106 s/w-Fotos, 5 Farb- und 24 s/w-Zeichnungen, Pappband. ●●●

**Aktfotografie**
Interpretationen zu einem unerschöpflichen Thema. Gestaltung · Technik · Spezialeffekte. (0737) Von H. Wedewardt, 88 S., 144 Farb- und 6 s/w-Fotos, 6 Zeichnungen, kart. ●●

Videokassette
**Aktfotografie**
(6001) VHS, Laufzeit ca. 60 Min. in Farbe. ●●●●●*

**So macht man bessere Fotos**
Das meistverkaufte Fotobuch der Welt. (0614) Von M. L. Taylor, 192 S., 457 Farbfotos, 15 Abb., kart. ●●

**Schmalfilmen**
Ausrüstung · Aufnahmepraxis · Schnitt · Ton. (0342) Von U. Ney, 108 S., 4 Farbtafeln, 25 s/w-Fotos, kart. ●

**Schmalfilme selbst vertonen**
(0593) Von U. Ney, 96 S., 57 s/w-Fotos, 14 Zeichnungen, kart. ●

**Videografieren**
Filmen mit Video 8. Technik – Bildgestaltung – Schnitt – Vertonung. (0843) Von M. Wild, K. Möller, 120 S., 101 Farbfotos, 22 s/w-Fotos, 52 Zeichnungen, kart. ●●

Videokassette
**Videografieren**
Filmen mit Video 8. Technik – Bildgestaltung – Schnitt – Vertonung. (6031) VHS, (6033) Beta, (6034) Sony 8 mm, von M. Wild, 60 Min., in Farbe. ●●●●●*

Mit vollem Genuß
**Pfeife rauchen**
Alles über Tabaksorten, Pfeifen und Zubehör. (4227) Von H. Behrens, H. Frickert, 168 S., 127 Farbfotos, 18 Zeichnungen, Pappband. ●●●●

Die Fazination der Philatelie
**Briefmarken sammeln**
(4273) Von D. Stein, 212 S., 124 s/w-Fotos, 24 Farbtafeln, Pappband. ●●●

**Briefmarken**
sammeln für Anfänger. (0481) Von D. Stein. 120 S., 4 Farbtafeln, 98 s/w-Abb., kart. ●

**Münzen**
Ein Brevier für Sammler. (0353) Von E. Dehnke, 128 S., 4 Farbtafeln, 17 s/w-Abb., kart. ●●

**Astronomie als Hobby**
Sternbilder und Planeten erkennen und benennen. (0572) Von D. Block, 176 S., 16 Farbtafeln, 49 s/w-Fotos, 93 Zeichnungen, kart. ●●

Astronomie im Bild
**Unser Sternenhimmel rund ums Jahr**
(0849) Von Dr. E. Übelacker, 88 S., 48 Farbfotos, 1 s/w-Foto, 68 Farbzeichnungen, kart. ●●

**Freizeit mit dem Mikroskop**
(0291) Von M. Deckart, 132 S., 8 Farbtafeln, 64 s/w-Abb., 2 Zeichnungen, kart. ●

**Gitarre spielen**
Ein Grundkurs für den Selbstunterricht. (0534) Von A. Roßmann, 96 S., 1 Schallfolie, 150 Zeichnungen, kart. ●●●

**Komm mit ins Land der Lieder**
Das große Buch der Kinder-, Volks- und Chorlieder. (4261) Hrsg. von H. Rauhe, 176 S., 146 Farbzeichnungen, Pappband. ●●●

**Die schönsten Wander- und Fahrtenlieder**
(0462) Hrsg. von F. R. Miller, empfohlen vom Deutschen Sängerbund, 80 S., mit Noten und Zeichnungen, kart. ●

**Die schönsten Volkslieder**
(0432) Hrsg. von D. Walther, 128 S., mit Noten und Zeichnungen, kart. ●

# Technik

**Dampflokomotiven**
(4204) Von W. Jopp, 96 S., 134 Farbfotos, Pappband. ●●●

**Die Super-Eisenbahnen der Welt**
(4287) Von W. Kosak, H. G. Isenberg, 224 S., 269 Farbfotos, 79 s/w-Fotos, 8 Vignetten, 5 farb. Ausklapptafeln, Pappband. ●●●●

**Zivilflugzeuge**
Vom Kleinflugzeug zum Überschall-Jet (4218) Von R. J. Höhn, H. G. Isenberg, 96 S., 115 Farbfotos, Pappband. ●●●

**Trucks**
Giganten der Landstraßen in aller Welt. (4222) Von H. G. Isenberg, 96 S., 131 Farbfotos, Pappband. ●●●

**Die Super-Trucks der Welt**
(4257) Von H. G. Isenberg, 194 S., 205 Farbfotos, 87 s/w-Fotos, 7 Farbzeichnungen, 4 Ausklapptafeln, Pappband. ●●●●

Die hier vorgestellten Bücher, Videokassetten und Software sind in folgende Preisgruppen unterteilt:

● Preisgruppe bis DM 10,–/S 79,–
●● Preisgruppe über DM 10,– bis DM 20,– S 80,– bis S 160,–
●●● Preisgruppe über DM 20,– bis DM 30,– S 161,– bis S 240,–
●●●● Preisgruppe über DM 30,– bis DM 50,– S 241,– bis S 400,–
●●●●● Preisgruppe über DM 50,–/S 401,–
*(unverbindliche Preisempfehlung)

Die Preise entsprechen dem Status beim Druck dieses Verzeichnisses (s. Seite 1) – Änderungen, im besonderen der Preise, vorbehalten –

**Die Super-Motorräder der Welt**
(4193) Von H. G. Isenberg, 192 S., 170 Farb- und 100 s/w-Fotos, 8 Zeichnungen, Pappband. ●●●●

**Motorrad-Hits**
Chopper, Tribikes, Heiße Öfen. (4221) Von H. G. Isenberg, 96 S., 119 Farbfotos, Pappband. ●●●

**Motorrad-Faszination**
Heiße Öfen, von denen jeder träumt. (4223) Von H. G. Isenberg, 96 S., 103 Farb- und 20 s/w-Fotos, Pappband. ●●●

# Sport und Fitneß

**ZDF Sportjahr '87**
Rekorde, Siege, Schicksale, Ergebnisse, Termine '88
(4290) Hrsg. von B. Heller, 192 S., 275 Farb- und 4 s/w-Fotos, kart. ●●

**Neue Lehrmethoden der Judo-Praxis**
(0424) Von P. Herrmann, 223 S., 475 Abb., kart. ●●

**Judo**
Grundlagen – Methodik. (0305) Von M. Ohgo, 208 S., 1025 Fotos, kart. ●●

**Fußwürfe**
für Judo, Karate und Selbstverteidigung. (0439) Von H. Nishioka, 96 S., 260 Abb., kart. ●

**Modernes Karate**
Das große Standardwerk mit 2229 Abbildungen. (4280) Von T. Okazaki, Dr. med. M. V. Stricevic, übers. von M. Pabst, 376 S., 2279 Abbildungen, Pappband. ●●●●●

**Karate für alle**
Karate-Selbstverteidigung in Bildern. (0314) Von A. Pflüger, 112 S., 356 s/w-Fotos, kart. ●

**Nakayamas Karate perfekt 1**
Einführung. (0487) Von M. Nakayama, 136 S., 605 s/w-Fotos, kart. ●●

**Nakayamas Karate perfekt 2**
Grundtechniken. (0512) Von M. Nakayama, 136 S., 354 s/w-Fotos, 53 Zeichnungen, kart. ●●

**Nakayamas Karate perfekt 3**
Kumite 1: Kampfübungen. (0538) Von M. Nakayama, 128 S., 424 s/w-Fotos, kart. ●●

**Nakayamas Karate perfekt 4**
Kumite 2: Kampfübungen. (0547) Von M. Nakayama, 128 S., 394 s/w-Fotos, kart. ●●

**Nakayamas Karate perfekt 5**
Kata 1: Heian, Tekki. (0571) Von M. Nakayama, 144 S., 1229 s/w-Fotos, kart. ●●

**Nakayamas Karate perfekt 6**
Kata 2: Bassai-Dai, Kanku-Dai, (0600) Von M. Nakayama, 144 S., 1300 s/w-Fotos, 107 Zeichnungen, kart. ●●

**Nakayamas Karate perfekt 7**
Kata 3: Jitte, Hangetsu, Empi. (0618) Von M. Nakayama, 144 S., 1988 s/w-Fotos, 105 Zeichnungen, kart. ●●

**Nakayamas Karate perfekt 8**
Gankaku, Jion. (0650) Von M. Nakayama, 144 S., 1174 s/w-Fotos, 99 Zeichungen, kart. ●●

**Kontakt-Karate**
Ausrüstung · Technik · Training. (0396) Von A. Pflüger, 112 S., 238 s/w-Fotos, kart. ●●

**Karate-Do**
Das Handbuch des modernen Karate. (4028) Von A. Pflüger, 360 S., 1159 Abb., Pappband. ●●●●

**Bo-Karate**
Kukishin-Ryu – die Techniken des Stockkampfes. (0447) Von G. Stiebler, 176 S., 424 s/w-Fotos, 38 Zeichnungen, kart. ●●

**Karate 1**
Einführung · Grundtechniken. (0227) Von A. Pflüger, 148 S., 195 s/w-Fotos, 120 Zeichnungen, kart. ●

**Karate 2**
Kombinationstechniken · Katas. (0239) Von A. Pflüger, 176 S., 452 s/w-Fotos und Zeichnungen, kart. ●

**Karate Kata 1**
Heian 1-5, Tekki 1, Bassai Dai. (0683) Von W.-D. Wichmann, 164 S., 703 s/w-Fotos, kart. ●●

**Karate Kata 2**
Jion, Empi, Kanku-Dai, Hangetsu. (0723) Von W.-D. Wichmann, 140 S., 661 s/ w-Fotos, 4 Zeichnungen, kart. ●●

**25 Shotokan-Katas**
Auf einen Blick: Karate-Katas für Prüfungen und Wettkämpfe. (0859) Von A. Pflüger, 88 S., 185 s/w-Abbildungen, 26 ganzseitige Tafeln mit über 1.600 Einzelschritten, kart. ●●

Videokassette
**Karate**
Einführung und Grundtechniken. (6037) VHS, Von A. Pflüger, ca. 45 Min., in Farbe, ●●●●●*

**Ninja 1**
Die Lehre der Schattenkämpfer. (0758) Von S. K. Hayes, 144 S., 137 s/w-Fotos, kart. ●●

**Ninja 2**
Die Wege zum Shoshin (0763) Von S. K. Hayes, 160 S., 309 s/w-Fotos, kart. ●●

**Ninja 3**
Der Pfad des Togakure-Kämpfers. (0764) Von S. K. Hayes, 144 S., 197 s/w-Fotos, 2 Zeichnungen, kart. ●●

**Ninja 4**
Das Vermächtnis der Schattenkämpfer. (0807) Von S. K. Hayes, 196 S., 466 s/w-Fotos, kart. ●●

Der König des Kung-Fu
**Bruce Lee**
Sein Leben und Kampf. (0392) Von L. Lee, 136 S., 104 s/w-Fotos, kart. ●●

**Bruce Lees Kampfstil 1**
Grundtechniken. (0473) Von B. Lee, M. Uyehara, 109 S., 220 Abb., kart. ●

**Bruce Lees Kampfstil 2**
Selbstverteidigungs-Techniken. (0486) Von B. Lee, M. Uyehara, 128 S., 310 Abb., kart. ●

**Bruce Lees Kampfstil 3**
Trainingslehre. (0503) Von B. Lee, M. Uyehara, 112 S., 246 Abb., kart. ●

**Bruce Lees Kampfstil 4**
Kampftechniken. (0523) Von B. Lee, M. Uyehara, 104 S., 211 Abb., kart. ●

**Bruce Lees Jeet Kune Do**
(0440) Von B. Lee, 192 S., mit 105 eigenhändigen Zeichnungen von B. Lee, kart. ●●

**Ju-Jutsu 1**
Grundtechniken – Moderne Selbstverteidigung. (0276) Von W. Heim, F. J. Gresch, 164 S., 450 s/w-Fotos, 8 Zeichnungen, kart. ●

**Ju-Jutsu 2**
für Fortgeschrittene und Meister. (0378) Von W. Heim, F. J. Gresch, 160 S., 798 s/w- Fotos, kart. ●●

**Ju-Jutsu 3**
Spezial-, Gegen- und Weiterführungs-Techniken. (0485) Von W. Heim, F. J. Gresch, 200 S., über 600 s/w-Fotos, kart. ●●

**Ju-Jutsu als Wettkampf**
(0826) Von G. Kulot, 168 S., 418 s/w-Fotos, 2 Zeichnungen, kart. ●●

**Nunchaku**
Waffe · Sport · Selbstverteidigung. (0373) Von A. Pflüger, 144 S., 247 Abb., kart. ●●

**Shuriken · Tonfa · Sai**
Stockfechten und andere bewaffnete Kampfsportarten aus Fernost. (0397) Von A. Schulz, 96 S., 253 s/w-Fotos, kart. ●●

**Illustriertes Handbuch des Taekwondo**
Koreanische Kampfkunst und Selbstverteidigung. (4053) Von K. Gil, 248 S., 1026 Abb., Pappband. ●●●

**Taekwon-Do**
Koreanischer Kampfsport. (0347) Von K. Gil, 152 S., 408 Abb., kart. ●●

**Taekwondo perfekt 1**
Die Formenschule bis zum Blaugurt. (0890) Von K. Gil, Kim Chul-Hwan, 176 S., 439 s/w-Fotos, 107 Zeichnungen, kart. ●●

**Aikido**
Lehren und Techniken des harmonischen Weges. (0537) Von R. Brand, 280 S., 697 Abb., kart. ●●

**Kung-Fu und Tai-Chi**
Grundlagen und Bewegungsabläufe. (0367) Von B. Tegner, 182 S., 370 s/w-Fotos, kart. ●●

**Kung-Fu**
Theorie und Praxis klassischer und moderner Stile. (0376) Von M. Pabst, 160 S., 330 Abb., kart. ●●

**Shaolin-Kempo – Kung-Fu**
Chinesisches Karate im Drachenstil. (0395) Von R. Czerni, K. Konrad. 246 S., 723 Abb., kart. ●●

**Hap Ki Do**
Grundlagen und Techniken koreanischer Selbstverteidigung. (0379) Von Kim Sou Bong, 112 S., 153 Abb., kart. ●●

**Dynamische Tritte**
Grundlagen für den Zweikampf. (0438) Von C. Lee, 96 S., 398 s/w-Fotos, 10 Zeichnungen, kart. ●

**Kickboxen**
Fitneßtraining und Wettkampfsport. (0795) Von G. Lemmens, 96 S., 208 s/w-Fotos, 23 Zeichnungen, kart. ●●

**Selbstverteidigung**
Abwehrtechniken für Sie und Ihn (0853) Von E. Deser, 96 S., 259 s/w-Fotos, kart. ●

**Muskeltraining mit Hanteln**
Leistungssteigerung für Sport und Fitness. (0676) Von H. Schulz, 108 S., 92 s/w-Fotos, 2 Zeichnungen, kart. ●

**Leistungsfähiger durch Krafttraining**
Eine Anleitung für Fitness-Sportler, Trainer und Athleten (0617) Von W. Kieser, 100 S., 20 s/w-Fotos, 62 Zeichnungen, kart. ●

Die Faszination athletischer Körper
**Bodybuilding**
mit Weltmeister Ralf Möller. (4281) Von R. Möller, 128 S., 169 Farbfotos, 14 s/w-Fotos, 1 Farbzeichnung, Pappband. ●●●●

Die hier vorgestellten Bücher, Videokassetten und Software sind in folgende Preisgruppen unterteilt:

● Preisgruppe bis DM 10,–/S 79,–
●● Preisgruppe über DM 10,– bis DM 20,– S 80,– bis S 160,–
●●● Preisgruppe über DM 20,– bis DM 30,– S 161,– bis S 240,–
●●●● Preisgruppe über DM 30,– bis DM 50,– S 241,– bis S 400,–
●●●●● Preisgruppe über DM 50,–/S 401,–
*(unverbindliche Preisempfehlung)

Die Preise entsprechen dem Status beim Druck dieses Verzeichnisses (s. Seite 1) – Änderungen, im besonderen der Preise, vorbehalten –

FALKEN

**Bodybuilding**
Anleitung zum Muskel- und Konditionstraining für sie und ihn. (0604) Von R. Smolana. 160 S., 171 s/w-Fotos, kart. ●

**Hanteltraining zu Hause**
(0800) Von W. Kieser, 80 S., 71 s/w-Fotos, 4 Zeichnungen, kart. ●

**Fit und gesund**
Körpertraining und Bodybuilding zu Hause. (0782) Von H. Schulz, 80 S., 100 Farbfotos, 3 Zeichnungen, kart. ●●

Videokassette
**Fit und gesund**
(6013) VHS, Laufzeit 30 Minuten, in Farbe. ●●●●*

**Bodybuilding für Frauen**
Wege zu Ihrer Idealfigur (0661) Von H. Schulz, 108 S., 84 s/w-Fotos, 4 Zeichnungen, kart. ●●

**Bodyshaping · Bodybuilding**
Mit Anja Albrecht zur Idealfigur. (4405) Von A. Albrecht, 128 S., 164 Farbfotos, 4 s/w-Fotos, 1 Farb- und 1 s/w-Zeichnung, Pappband. ●●●●

**Optimale Ernährung**
für Krafttraining und Budybuilding. (0912) Von B. Dahmen, 88 S., 8 Farbtafeln, 8 Zeichnungen, kart. ●

Top-Form im Sport
**Ernährungs-Training**
Das Erfolgsprogramm für den Ausdauersportler. (0945) Von M. Inzinger, Dipl.-Oec. troph. G. Wagner, 160 S., 31 Farbzeichnungen, 16 Grafiken, kart. ●●

Gesund und leistungsfähig durch
**Konditionsübungen, Fitneßtraining, Wirbelsäulengymnastik**
(0844) Von R. Milser, K. Grafe, 104 S., 99 Farbfotos, 12 Farbzeichnungen, 5 s/w-Zeichnungen, kart. ●●

**Stretching**
Mit Dehnungsgymnastik zu Entspannung. Geschmeidigkeit und Wohlbefinden. (0717) Von H. Schulz, 80 S. 90 s/w-Fotos, kart. ●

**Isometrisches Training**
Übungen für Muskelkraft und Entspannung. (0529) Von L. M. Kirsch, 140 S., 162 s/w-Fotos, kart. ●

**Gesund und fit durch Gymnastik**
(0366) Von H. Pilss-Samek, 132 S., 150 Abb., kart. ●

**Spaß am Laufen**
Jogging für die Gesundheit. (0470) Von W. Sonntag, 140 S., 41 s/w-Fotos, 1 Zeichnung, kart. ●

**Mein bester Freund, der Fußball**
(5107) Von D. Brüggemann, D. Albrecht, 144 S., 171 Abb., kart. ●●

**Fußball**
Training und Wettkampf. (0448) Von H. Obermann, P. Walz, 166 S., 92 s/w-Fotos, 15 Zeichnungen, 29 Diagramme, kart. ●●

**Handball**
Technik · Taktik · Regeln. (0426) Von F. und P. Hattig, 128 S., 91 s/w-Fotos, 121 Zeichnungen, kart. ●●

**Volleyball**
Technik · Taktik · Regeln. (0351) Von H. Huhle, 104 S., 330 Abb., kart. ●

**Badminton**
Technik · Taktik · Training. (0699) Von K. Fuchs, L. Sologub, 168 S., 51 Abb., kart., ●●

**Die neue Tennis-Praxis**
Der individuelle Weg zu erfolgreichem Spiel. (4097) Von R. Schönborn, 240 S., 202 Farbzeichnungen, 31 s/w-Abb., Pappband. ●●●●

**Erfolgreiche Tennis-Taktik**
(4086) Von R. Ford Greene, übersetzt von M. R. Fischer, 182 S., 87 Abb., kart. ●●

**Moderne Tennistechnik**
(4187) Von G. Lam, 192 S., 339 s/w-Fotos, 91 Zeichnungen, kart. ●●●

**Tennis**
Technik · Taktik · Regeln. (0375) Von H. Elschenbroich, 112 S., 81 Abb., kart. ●

**Tischtennis-Technik**
Der individuelle Weg zu erfolgreichem Spiel. (0775) Von M. Perger, 144 S., 296 Abb. kart. ●●

**Squash**
Ausrüstung · Technik · Regeln. (0539) Von D. von Horn, H.-D. Stünitz, 96 S., 55 s/w-Fotos, 25 Zeichnungen, kart. ●

**Golf**
Ausrüstung · Technik · Regeln. (0343) Von J. C. Jessop, übersetzt von H. Biemer, mit einem Vorwort von H. Krings, Präsident des Deutschen Golf-Verbandes, 160 S., 65 Abb., Anhang Golfregeln des DGV, kart. ●●

**Pool-Billard**
(0484) Herausgegeben vom Deutschen Pool- Billard-Bund, von M. Bach, K.-W. Kühn, 104 S., mit über 64 Abb., kart. ●

**Sportschießen**
für jedermann. (0502) Von A. Kovacic, 124 S., 116 s/w-Fotos, kart. ●●

**Fechten**
Florett · Degen · Säbel. (0449) Von E. Beck, 88 S., 185 Fotos, 10 Zeichnungen, kart. ●●

**Wir lernen tanzen**
Standard- und lateinamerikanische Tänze. (0200) Von E. Fern, 168 S., 118 s/w-Fotos, 47 Zeichnungen, kart. ●

**So tanzt man Rock'n'Roll**
Grundschritte · Figuren · Akrobatik. (0573) Von W. Steuer und G. Marz, 224 S., 303 Abb., kart. ●●

**Tanzen überall**
Discofox, Rock'n'Roll, Blues, Langsamer Walzer, Cha-Cha-Cha zum Selberlernen. (0760) Von H. M. Pritzer, 112 S., 128 Farbfotos, kart. ●●

Anmutig und fit durch
**Bauchtanz**
(0911) Von Marta, 120 S., 229 Farbfotos, 6 s/w-Zeichnungen, kart. ●●

Fit mit **Stretching**
(2304) Von B. Kurz, 96 S., 255 Farbfotos, kart. ●●

Fit mit **Tai Chi**
als sanfte Körpererfahrung
(2305) Von B. u. K. Moegling, 112 S., 121 Farbfotos, 6 Farb- u. 4 s/w-Zeichnungen, kart. ●●

Fit mit **Volleyball**
(2302) Von Dr. A. Scherer, 104 S., 27 Farb- und 1 s/w-Foto, 12 Farb- und 29 s/w-Zeichnungen, kart. ●●

Fit mit **Tanzen**
(2303) Von K. Richter, H. Kleinow, 88 S., 94 Farbfotos, kart. ●●

Fit mit **Karate**
(2308) Von A. Pflüger, 96 S., 134 Farbfotos, 4 s/w-Zeichnungen, kart. ●●

**Funboard-Surfen**
Material · Technik · Regatten · Internationale Reviere. (4297) Von J. Evans, 144 S., 106 Farbfotos, 9 Farbzeichnungen, 68 zweifarbige und 5 s/w-Zeichnungen, kart. ●●●

**Segeln**
Der neue Grundschein – Vorstufe zum A-Schein – Mit Prüfungsfragen. (5147) Von C. Schmidt, 80 S., 8 Farbtafeln, 18 Farbfotos, 82 Zeichnungen, kart., ●●

Falken-Handbuch
**Angeln**
in Binnengewässern und im Meer. (4090) Von H. Oppel, 344 S., 24 Farbtafeln, 66 s/w-Fotos, 151 Zeichnungen, gebunden. ●●●●

**Angeln**
Kleine Fibel für den Sportfischer. (0198) Von E. Bondick, 96 S., 116 Abb., kart. ●

**Sportfischen**
Fische – Geräte – Techniken. (0324) Von H. Oppel, 144 S., 49 s/w-Fotos, 8 Farbtafeln, kart. ●

**Sporttauchen**
Theorie und Praxis des Gerätetauchens. (0647) Von S. Müßig, 144 S., 8 Farbtafeln, 35 s/w-Fotos, 89 Zeichnungen, kart. ●●

**Ski-Gymnastik**
Fit für Piste und Loipe. (0450) Von H. Pilss-Samek, 104 S., 67 s/w-Fotos, 20 Zeichnungen, kart. ●

**Alpiner Skisport**
Ausrüstung · Techniken · Skigymnastik. (5130) Von K. Meßmann, 128 S., 8 Farbtafeln, 93 s/ w-Fotos, 45 Zeichnungen, kart. ●●

**Skilanglauf, Skiwandern**
Ausrüstung · Techniken · Skigymnastik. (5129) Von T. Reiter und R. Kerler, 80 S., 8 Farbtafeln, 85 Zeichnungen und s/w-Fotos, kart. ●●

**Eishockey**
Lauf- und Stocktechnik, Körperspiel, Taktik, Ausrüstung und Regeln. (0414) Von J. Čapla, 264 S., 548 s/w-Fotos, 163 Zeichnungen, kart. ●●

**Fibel für Kegelfreunde**
Sport- und Freizeitkegeln · Bowling. (0191) Von G. Bocsai, 72 S., 62 Abb., kart. ●

**Beliebte und neue Kegelspiele**
(0271) Von G. Bocsai, 92 S., 62 Abb., kart. ●

**111 spannende Kegelspiele**
(2031) Von H. Regulski, 88 S., 53 Zeichnungen, kart., ●

## Schach

**Einführung in das Schachspiel**
(0104) Von W. Wollenschläger und K. Colditz, 92 S., 116 Diagramme, kart. ●

Falken-Handbuch **Schach**
(4051) Von T. Schuster, 360 S., über 340 Diagramme, gebunden. ●●●●

**Spielend Schach lernen**
(2002) Von T. Schuster, 128 S., kart. ●

**Kinder- und Jugendschach**
Offizielles Lehrbuch des Deutschen Schachbundes zur Erringung der Bauern-, Turm- und Königsdiplome. (0561) Von B. J. Withuis, H. Pfleger, 144 S., 220 Zeichnungen und Diagramme, kart. ●●

**Neue Schacheröffnungen**
(0478) Von T. Schuster, 108 S., 100 Diagramme, kart. ●

Die hier vorgestellten Bücher, Videokassetten und Software sind in folgende Preisgruppen unterteilt:

● Preisgruppe bis DM 10,–/S 79,–
●● Preisgruppe über DM 10,– bis DM 20,– S 80,– bis S 160,–
●●● Preisgruppe über DM 20,– bis DM 30,– S 161,– bis S 240,–
●●●● Preisgruppe über DM 30,– bis DM 50,– S 241,– bis S 400,–
●●●●● Preisgruppe über DM 50,–/S 401,–
*(unverbindliche Preisempfehlung)

Die Preise entsprechen dem Status beim Druck dieses Verzeichnisses (s. Seite 1) – Änderungen, im besonderen der Preise, vorbehalten –

**Schach für Fortgeschrittene**
Taktik und Probleme des Schachspiels. (0219) Von R. Teschner, 96 S., 85 Diagramme, kart. ●

**Taktische Schachendspiele**
(0752) Von J. Nunn, 200 S., 151 Diagramme, kart. ●●

**Die Schach-Revanche**
Kasparow/Karpow 1986. (0831) Von O. Borik, H. Pfleger, M. Kipp-Thomas, 144 S., 19 s/w-Fotos, 72 Diagramme, kart. ●●

**Schachstrategie**
Ein Intensivkurs mit Übungen und ausführlichen Lösungen. (0584) Von A. Koblenz, dt. Bearb. von K. Colditz, 212 S., 240 Diagramme, kart. ●●

**Schachtraining mit den Großmeistern**
(0670) Von H. Bouwmeester, 128 S., 90 Diagramme, kart. ●●

**Schach als Kampf**
Meine Spiele und mein Weg. (0729) Von G. Kasparow, 144 S., 95 Diagramme, 9 s/w-Fotos, kart. ●●

Helmut Pflegers
**Schachkabinett**
Amüsante Aufgaben – überraschende Lösungen. (0877) Von H. Pfleger, 160 S., 118 Diagramme, kart. ●●

**Die besten Partien deutscher Schachgroßmeister**
(4121) Von H. Pfleger, 192 S., 29 s/w-Fotos, 89 Diagramme, Pappband. ●●●

**Lehr-, Übungs- und Testbuch der Schachkombinationen**
(0649) Von K. Colditz, 184 S., 227 Diagramme, kart. ●●

Die hohe Schule der
**Schachkombination**
(0920) Von W. Golz, P. Keres, 272 S., 322 Diagramme, Pappband. ●●

Offizielles Lehrbuch des Deutschen Schachbundes
**Das systematische Schachtraining**
Trainingsmethoden, Strategien und Kombinationen. (0857) Von Sergiu Samarian, 152 S., 159 Diagramme, 1 Zeichnung, kart. ●●

**So denkt ein Schachmeister**
Strategische und taktische Analysen. (0915) Von H. Pfleger, G. Treppner, 120 S., 75 Diagramme, kart. ●●

FALKEN-SOFTWARE
**Das komplette Schachprogramm**
Spielen, Trainieren, Problemlösen mit dem Computer. (7006) Von J. Egger, Diskette für C 64, C 128 PC, mit Begleitheft. ●●●●●*

**Zug um Zug**
**Schach für jedermann 1**
Offizielles Lehrbuch des Deutschen Schachbundes zur Erringung des Bauerndiploms. (0648) Von H. Pfleger, E. Kurz, 80 S., 24 s/w-Fotos, 8 Zeichnungen, 60 Diagramme, kart. ●

**Zug um Zug**
**Schach für jedermann 2**
Offizielles Lehrbuch des Deutschen Schachbundes zur Erringung des Turmdiploms. (0659) Von H. Pfleger, E. Kurz, 132 S., 8 s/w-Fotos, 14 Zeichnungen, 78 Diagramme, kart. ●

**Zug um Zug**
**Schach für jedermann 3**
Offizielles Lehrbuch des Deutschen Schachbundes zur Erringung des Königdiploms. (0728) Von H. Pfleger, G. Treppner, 128 S., 4 s/w-Fotos, 84 Diagramme, 10 Zeichnungen, kart. ●

**Zug um Zug**
**Schach für jedermann 1**
(7015) Wendediskette für C 64/C 128 PC, mit Begleitheft. ●●●●*
(7005) Wendediskette für Atari ST 520/1040, mit Begleitheft. ●●●●●*

**Schach mit dem Computer**
(0747) Von D. Frickenschmidt, 140 S., 112 Diagramme, 29 s/w-Fotos, 5 Zeichnungen, kart. ●●

# Spiele und Denksport

**Kartenspiele**
(2001) Von C. D. Grupp, 144 S., kart. ●

**Neues Buch der siebzehn und vier Kartenspiele**
(0095) Von K. Lichtwitz, 96 S., kart. ●

**Alles über Pokern**
Regeln und Tricks. (2024) Von C. D. Grupp, 112 S., 29 Kartenbilder, kart. ●

**Rommé und Canasta**
in allen Variationen. (2025) Von C. D. Grupp, 124 S., 24 Zeichnungen, kart., ●

**Schafkopf, Doppelkopf, Binokel, Cego, Gaigel, Jaß, Tarock und andere „Lokalspiele"**
(2015) Von C. D. Grupp, 152 S., kart. ●

**Spielend Skat lernen**
unter freundlicher Mitarbeit des Deutschen Skatverbandes. (2005) Von Th. Krüger, 156 S., 181 s/w-Fotos, 22 Zeichnungen, kart. ●

**Das Skatspiel**
Eine Fibel für Anfänger. (0206) Von K. Lehnhoff, überarb. von P. A. Höfges, 96 S., kart. ●

**Black Jack**
Regeln und Strategien des Kasinospiels. (2032) Von K. Kelbratowski, 88 S., kart. ●

Falken-Handbuch **Patiencen**
Die 111 interessantesten Auslagen. (4151) Von U. v. Lyncker, 216 S., 108 Abbildungen, Pappband. ●●●

**Patiencen**
in Wort und Bild. (2003) Von I. Wolter, 136 S., kart. ●

**Neue Patienten**
(2036) Von H. Sosna, 160 S., 43 Farbtafeln, kart. ●●

Falken-Handbuch **Bridge**
Von den Grundregeln zum Turnierspiel. (4092) Von W. Voigt und K. Ritz, 280 S., 792 Zeichnungen, gebunden. ●●●●

**Spielend Bridge lernen**
(2012) Von J. Weiss, 108 S., 58 Zeichnungen, kart. ●

**Spieltechnik im Bridge**
(2004) Von V. Mollo und N. Gardener, deutsche Adaption von D. Schröder, 216 S., kart. ●●

**Besser Bridge spielen**
Reiztechnik, Spielverlauf und Gegenspiel. (2026) Von J. Weiss, 144 S., 60 Diagramme, kart. ●●

**Herausforderung im Bridge**
200 Aufgaben mit Lösungen. (2033) Von V. Mollo, 152 S., kart. ●●

**Präzisions-Treff im Bridge**
(2037) Von E. Jannersten, 152 S., kart. ●●

**Kartentricks**
(2010) Von T. A. Rosee, 80 S., 13 Zeichnungen, kart. ●

**Mah-Jongg**
Das chinesische Glücks-, Kombinations- und Gesellschaftsspiel. (2030) Von U. Eschenbach, 80 S., 30 s/w-Fotos, 5 Zeichnungen, kart. ●

**Neue Kartentricks**
(2027) Von K. Pankow, 104 S., 20 Abb., kart. ●

**Backgammon**
für Anfänger und Könner. (2008) Von G. W. Fink und G. Fuchs, 116 S., 41 Abb., kart. ●

**Würfelspiele**
für jung und alt. (2007) Von F. Pruss, 112 S., 21 s/w-Zeichnungen, kart. ●

**Gesellschaftsspiele**
für drinnen und draußen. (2006) Von H. Görz, 128 S., kart. ●

**Spiele für Party und Familie**
(2014) Von Rudi Carrell, 160 S., 50 Abb., kart. ●

**Das japanische Brettspiel Go**
(2020) Von W. Dörholt, 104 S., 182 Diagramme, kart. ●

**Roulette richtig gespielt**
Systemspiele, die Vermögen brachten. (0121) Von M. Jung, 96 S., zahlreiche Tabellen, kart. ●

**Spielend Roulette lernen**
(2034) Von E. P. Caspar, 152 S., 1 s/w-Foto, 45 Zeichnungen, kart. ●●

**Gesellschaftsspiele**
für drinnen und draußen. (2006) Von H. Görz, 128 S., kart. ●

**Spiele für Party und Familie**
(2014) Von Rudi Carrel, 160 S., 50 Abb. kart. ●

**Neue Spiele für Ihre Party**
(2022) Von G. Blechner, 120 S., 54 Zeichnungen, kart. ●

**Lustige Tanzspiele und Scherztänze**
für Partys und Feste. (0165) Von E. Bäulke, 80 S., 53 Abb., kart. ●

**Straßenfeste, Flohmärkte und Basare**
Praktische Tips für Organisation und Durchführung. (0592) Von H. Schuster, 96 S., 52 Fotos, 17 Zeichnungen, kart. ●●

**Zaubertricks für jedermann**
(0282) Von J. Merlin, 176 S., 113 Abb., kart. ●●

**Zaubern**
einfach - aber verblüffend. (2018) Von D. Bouch, 84 S., 41 Zeichnungen, kart. ●

**Magische Zaubereien**
(0672) Von Widenmann, 64 S., 31 Zeichnungen, kart. ●

**Kinderspiele**
die Spaß machen. (2009) Von H. Müller-Stein, 112 S., 28 Abb., kart. ●

**Spiele für Kleinkinder**
(2011) Von D. Kellermann, 80 S., 23 Abb., kart. ●

**Spiel und Spaß am Krankenbett**
für Kinder und die ganze Familie. (2035) Von H. Bücken, 104 S., 97 Zeichnungen, kart. ●

Die hier vorgestellten Bücher, Videokassetten und Software sind in folgende Preisgruppen unterteilt:

● Preisgruppe bis DM 10,–/S 79,–
●● Preisgruppe über DM 10,– bis DM 20,– S 80,– bis S 160,–
●●● Preisgruppe über DM 20,– bis DM 30,– S 161,– bis S 240,–
●●●● Preisgruppe über DM 30,– bis DM 50,– S 241,– bis S 400,–
●●●●● Preisgruppe über DM 50,–/S 401,–
*(unverbindliche Preisempfehlung)

Die Preise entsprechen dem Status beim Druck dieses Verzeichnisses (s. Seite 1) – Änderungen, im besonderen der Preise, vorbehalten –

FALKEN

 Falken-Verlag GmbH · Postfach 1120 D-6272 Niedernhausen/Ts. · Tel.: 06127/7020

**Kasperletheater**
Spieltexte und Spielanleitungen · Basteltips für Theater und Puppen. (0641) Von U. Lietz, 136 S., 4 Farbtafeln, 12 s/w-Fotos, 39 Zeichnungen, kart. ●

**Knobeleien und Denksport**
(2019) Von K. Rechberger, 142 S., 105 Zeichnungen, kart. ●

**Das Geheimnis der magischen Ringe**
Alles über das Puzzle vom Würfel-Erfinder. Die schönsten Figuren.
(0878) Von Dr. Ch. Bandelow, 96 S., 198 Zeichnungen, 8 Cartoons, kart. ●

**Quiz**
Mehr als 1500 ernste und heitere Fragen aus allen Gebieten. (0129) Von R. Sautter und W. Pröve, 92 S., 9 Zeichnungen, kart. ●

**500 Rätsel selberraten**
(0681) Von E. Krüger, 272 S., kart. ●

**501 Rätsel selberraten**
(0711) Von E. Krüger, 272 S., kart. ●

**Riesen-Kreuzwort-Rätsel-Lexikon**
über 250.000 Begriffe. (4197) Von H. Schiefelbein, 1024 S., Pappband. ●●●

**Das Super-Kreuzwort-Rätsel-Lexikon**
Über 150.000 Begriffe. (4279) Von H. Schiefelbein, 688 S., Pappband. ●●

**Guten Tag, Kinder!**
Neue Texte mit Spielanleitungen fürs Kasperletheater. (0861) Von U. Lietz, 96 S., 18 s/w-Zeichnungen, kart. ●

**Kindergeburtstag**
Vorbereitung, Spiel und Spaß. (0287) Von Dr. I. Obrig, 136 S., 40 Abb., 11 Zeichnungen, 9 Lieder mit Noten, kart. ●

**Kindergeburtstage die keiner vergißt**
Planung, Gestaltung, Spielvorschläge. (0698) Von G. und G. Zimmermann, 102 S., 80 Vignetten, kart. ●

**Kinderfeste**
daheim und in Gruppen. (4033) Von G. Blechner, 240 S., 320 Abb., kart. ●●

**Scherzfragen, Drudel und Blödeleien**
gesammelt von Kindern. (0506) Hrsg. von W. Pröve, 112 S., 57 Zeichnungen, kart. ●

# Humor und Unterhaltung

**Heitere Vorträge und witzige Reden**
Lachen, Witz und gute Laune. (0149) Von E. Müller, 104 S., 44 Abb., kart. ●

**Heitere Vorträge**
(0528) Von E. Müller, 128 S., 14 Zeichnungen, kart. ●

**Die große Lachparade**
Neue Texte für heitere Vorträge und Ansagen. (0188) Von E. Müller, 80 S., kart. ●

**So feiert man Feste fröhlicher**
Heitere Vorträge und Gedichte. (0098) Von Dr. Allos, 96 S., 15 Abb., kart. ●

**Lustige Vorträge für fröhliche Feiern**
(0284) Von K. Lehnhoff, 96 S., kart. ●

**Vergnügliches Vortragsbuch**
(0091) Von J. Plaut, 192 S., kart. ●

**Humor und Stimmung**
Ein heiteres Vortragsbuch. (0460) Von G. Wagner, 112 S., kart. ●

**Humor und gute Laune**
Ein heiteres Vortragsbuch. (0635) Von G. Wagner, 112 S., 5 Zeichnungen, kart. ●

**Gereimte Vorträge**
für Bühne und Bütt. (0567) Von G. Wagner, 96 S., kart. ●

**Damen in der Bütt**
Scherze, Büttenreden, Sketsche. (0354) Von T. Müller, 136 S., kart. ●

**Narren in der Bütt**
Leckerbissen aus dem rheinischen Karneval. (0216) Zusammengestellt von T. Lücker, 112 S., kart. ●

**Rings um den Karneval**
Karnevalsscherze und Büttenreden. (0130) Von Dr. Allos, 144 S., 2 Zeichnungen, kart. ●●

**Helau und Alaaf 1**
Närrisches aus der Bütt. (0304) Von E. Müller, 112 S., 4 Zeichnungen, kart. ●

**Helau und Alaaf 2**
Neue Büttenreden. (0477) Von E. Luft, 104 S., kart. ●

**Helau und Alaaf 3**
Neue Reden für die Bütt. (0832) Von H. Fauser, 144 S., 13 Zeichnungen, kart. ●

**Wir feiern Karneval**
Festgestaltung und Reden für die närrische Zeit. (0904) Von M. Zweigler, 120 S., 4 Zeichnungen, kart. ●

**Tolle Sketche**
mit zündenden Pointen – zum Nachspielen. (0656) Von E. Cohrs, 112 S., kart. ●

**Vergnügliche Sketche**
(0476) Von H. Pillau, 96 S., 7 Zeichnungen, kart. ●

**Fidele Sketche und heitere Vorträge**
Humor zum Nachspielen. (0157) Von H. Ehnle. 96 S., kart. ●

**Vorhang auf!**
Neue Sketche für jung und alt. (0898) Von H. Pillau, 96 S., 22 Zeichnungen, kart. ●

**Sketche und spielbare Witze**
für bunte Abende und andere Feste. (0445) Von H. Friedrich, 120 S., 7 Zeichnungen, kart. ●

**Sketche**
Kurzspiele zu amüsanter Unterhaltung. (0247) Von M. Gering, 132 S., 16 Abb., kart., ●

**Witzige Sketche zum Nachspielen**
(0511) Von D. Hallervorden, 160 S., kart. ●●

**Sketche und Blackouts zum Nachspielen**
(0941) Von E. Cohrs, 112 S., 12 Zeichnungen, kart. ●

**Locker vom Hocker**
Witzige Sketche zum Nachspielen. (4262) Von W. Giller, 144 S., 41 Zeichnungen, Pappband. ●●

**Phantasievolles Schminken**
Verzauberte Gesichter für Maskeraden, Laienspiel und Kinderfeste. (0907) Hrsg. von Y. u. H. Nadolny, 64 S., 227 Farbfotos, kart. ●●

**Die Kleidermotte ernährt sich von nichts, sie frißt nur Löcher**
Stilblüten, Sprüche und Widersprüche aus Schule, Zeitung, Rundfunk und Fernsehen. (0738) Von P. Haas, D. Kroppach, 112 S., zahlreiche Abb. kart. ●

**Da lacht das Publikum**
Neue lustige Vorträge für viele Gelegenheiten. (0716) Von H. Schmalenbach, 104 S., kart. ●

**Witzig, witzig**
(0507) Von E. Müller, 128 S., 16 Zeichnungen, kart. ●

**Die besten Witze und Cartoons des Jahres 1**
(0454) Hrsg. von K. Hartmann, 288 S., 125 Zeichnungen, geb. ●●

**Die besten Witze und Cartoons des Jahres 4**
(0579) Hrsg. von K. Hartmann, 288 S., 140 Zeichnungen, Pappband. ●●

**Die besten Witze und Cartoons des Jahres 5**
(0642) Hrsg. von K. Hartmann, 288 S., 88 Zeichnungen, Pappband. ●●

**Die besten Witze und Cartoons des Jahres 6**
(0916) Hrsg. von D. Kroppach, 288 S., 84 Zeichnungen, Pappband. ●●

**Das Superbuch der Witze**
(4146) Von B. Bornheim, 504 S., 54 Cartoons, Pappband. ●●

**Witze**
Lachen am laufenden Band (4241) Von J. Burkert, D. Kroppach, 400 S., 41 Zeichnungen, Pappband. ●●

**Heller Wahnwitz**
(0887) Von D. Kroppach, 220 S., 200 Vignetten, kart. ●

**Spaßvögel**
Über sexhundert komische Nummern. (0888) Von E. Zeller, mit Limericks von W. Müller, 220 S., 200 Vignetten, kart. ●

**Total bescheuert**
Kinder- und Schülerwitze. (0889) Von G. Geßner und E. Zeller, 220 S., 200 Vignetten, kart. ●

**Die besten Beamtenwitze**
(0574) Hrsg. von W. Pröve, 112 S., 59 Cartoons, kart. ●

**Die besten Kalauer**
(0705) Von K. Frank, 112 S., 12 Zeichnungen, kart., ●

**Robert Lembkes Witzauslese**
(0325) Von Robert Lembke, 160 S., 10 Zeichnungen von E. Köhler, Pappband. ●●

**Fred Metzlers Witze mit Pfiff**
(0368) Von F. Metzler, 112 S., kart. ●

**O frivol ist mir am Abend**
Pikante Witze von Fred Metzler. (0388) Von F. Metzler, 128 S., mit Karikaturen, kart. ●

**Herrenwitze**
(0589) Von G. Wilhelm, 112 S., 31 Zeichnungen, kart. ●

**Witze am laufenden Band**
(0461) Von F. Asmussen, 118 S., kart. ●

Horror zum Totlachen
**Gruselwitze**
(0536) Von F. Lautenschläger, 96 S., 44 Zeichnungen, kart. ●

**Die besten Ostfriesenwitze**
(0495) Hrsg. von O. Freese, 80 S., 15 Zeichnungen, kart. ●

**Olympische Witze**
Sportlerwitze in Wort und Bild. (0505) Von W. Willnat, 112 S., 126 Zeichnungen, kart. ●

**Ich lach mich kaputt! Die besten Kinderwitze**
(0545) Von E. Hannemann, 128 S., 15 Zeichnungen, kart. ●

Die hier vorgestellten Bücher, Videokassetten und Software sind in folgende Preisgruppen unterteilt:

● Preisgruppe bis DM 10,–/S 79,–
●● Preisgruppe über DM 10,– bis DM 20,– S 80,– bis S 160,–
●●● Preisgruppe über DM 20,– bis DM 30,– S 161,– bis S 240,–
●●●● Preisgruppe über DM 30,– bis DM 50,– S 241,– bis S 400,–
●●●●● Preisgruppe über DM 50,–/S 401,–
*(unverbindliche Preisempfehlung)

Die Preise entsprechen dem Status beim Druck dieses Verzeichnisses (s. Seite 1) – Änderungen, im besonderen der Preise, vorbehalten –

**Lach mit!**
Witze für Kinder, gesammelt von Kindern. (0468) Hrsg. von W. Pröve, 96 S., 17 Zeichnungen, kart. ●

**Die besten Kinderwitze**
(0757) Von K. Rank, 112 S., 28 Zeichnungen, kart. ●

**Lustige Sketche für Jungen und Mädchen**
Kurze Theaterstücke für Jungen und Mädchen. (0669) Von U. Lietz und U. Lange, 104 S., kart. ●

**Spielbare Witze für Kinder**
(0824) Von H. Schmalenbach, 128 S., 30 Zeichnungen, kart. ●

# Garten, Tiere, Umwelt

**Garten heute**
Der moderne Ratgeber · Über 1000 Farbbilder. (4283) Von H. Jantra, 384 S., über 1000 Farbabbildungen, Pappband. ●●●●

**Das Gartenjahr**
Arbeitsplan für den Hobbygärtner. (4075) Von G. Bambach, 152 S., 16 Farbtafeln, 141 Abb., kart. ●●

**Gärtner Gustavs Gartenkalender**
Arbeitspläne · Pflanzenporträts · Gartenlexikon. (4155) Von G. Schoser, 120 S., 146 Farbfotos, 13 Tabellen, 203 farbige Zeichnungen, Pappband. ●●●

**Der richtige Schnitt von Obst- und Ziergehölzen, Rosen und Hecken**
(0619) Von E. Zettl, 88 S., 8 Farbtafeln, 39 Zeichnungen, 21 s/w-Fotos, kart. ●

**Blumenpracht im Garten**
(5014) Von I. Manz, 64 S., 93 Farbfotos, Pappband. ●●

**Blütenpracht in Haus und Garten**
(4145) Von M. Haberer, u. a., 352 S., 1012 Farbfotos, Pappband. ●●●●

**Sag's mit Blumen**
Pflege und Arrangieren von Schnittblumen. (5103) Von P. Möhring, 64 S., 68 Farbfotos, 2 s/w-Abb., Pappband. ●●

**Grabgestaltung**
Bepflanzung und Pflege zu jeder Jahreszeit. (5120) Von N. Uhl, 64 S., 77 Farbfotos, 2 Zeichnungen, Pappband. ●●

**Wintergärten**
Das Erlebnis, mit der Natur zu wohnen. Planen, Bauen und Gestalten. (4256) Von LOG, ID, 136 S., 130 Farbfotos, 107 Zeichnungen, Pappband. ●●●●

**Häuser in lebendigem Grün**
Fassaden und Dächer mit Pflanzen gestalten. (0846) Von U. Mehl, K. Werk, 88 S., 116 Farbfotos, 4 Farb- und 17 s/w-Zeichnungen, kart. ●●

Rund ums Jahr erfolgreich gärtnern
**Gewächshäuser**
planen · bauen · einrichten · nutzen. (4408) Von Dr. G. Schoser, J. Wolff, 232 S., 315 Farbfotos, 5 s/w-Fotos, 53 Farbzeichnungen, Pappband. ●●●●●

**Gartenteiche und Wasserspiele**
planen, anlegen und pflegen. (4083) Von H. R. Sikora, 160 S., 31 Farb- und 31 s/w-Fotos, 73 Zeichnungen, Pappband. ●●●

**Wasser im Garten**
Von der Vogeltränke zum Naturteich – Natürliche Lebensräume selbst gestalten. (4230) Von H. Hendel, P. Keßeler, 240 S., 247 Farbfotos, 68 Farbzeichnungen, Pappband. ●●●●●

**Mein kleiner Gartenteich**
planen – anlegen – pflegen (0851) Von I. Polaschek, 144 S., 85 Farbfotos, 10 Farbzeichnungen, kart. ●●

**Leben im Naturgarten**
Der Biogärtner und seine gesunde Umwelt. (4124) Von N. Jorek, 128 S., 68 s/w-Fotos, kart. ●●

**So wird mein Garten zum Biogarten**
Alles über die Umstellung auf naturgemäßen Anbau. (0706) Von I. Gabriel, 128 S., 73 Farbfotos, 54 Farbzeichnungen, kart. ●●

**Gesunde Pflanzen im Biogarten**
Biologische Maßnahmen bei Schädlingsbefall und Pflanzenkrankheiten. (0707) Von I. Gabriel, 128 S., 126 Farbfotos, 12 Farbzeichnungen, kart. ●●

**Kosmische Einflüsse auf unsere Gartenpflanzen**
Sterne beeinflussen Wachstum und Gesundheit der Pflanzen. (0708) Von I. Gabriel, 112 S., 57 Farbfotos, 43 Farbzeichnungen, kart. ●●

**Der Biogarten unter Glas und Folie**
Ganzjährig erfolgreich ernten. (0722) Von I. Gabriel, 128 S., 62 Farbfotos, 45 Farbzeichnungen, kart. ●●

**Obst und Beeren im Biogarten**
Gesunde und schmackhafte Früchte durch natürlichen Anbau. (0780)Von I. Gabriel, 128 S., 38 Farbfotos, 71 Farbzeichnungen, kart. ●●

**Kräuter und Heilpflanzen im Biogarten**
Gesunde Ernte durch natürlichen Anbau. (0929) Von I. Gabriel, 112 S., 63 Farbfotos, 19 Farbzeichnungen, kart. ●●

**Neuanlage eines Biogartens**
Planung, Bodenvorbeitung, Gestaltung. (0721) Von I. Gabriel, 128 S., 73 Farbfotos, 39 Zeichnungen, kart. ●●

**Der biologische Zier- und Wohngarten**
Planen, Vorbereiten, Bepflanzen und Pflegen. (0748) Von I. Gabriel, 128 S., 72 Farbfotos, 46 Farbzeichnungen, kart. ●●

**Gemüse im Biogarten**
Gesunde Ernte durch naturgemäßen Anbau (0830) Von I. Gabriel, 128 S., 26 Farbfotos, 86 Farbzeichnungen, kart. ●●

**Erfolgreich gärtnern**
durch naturgemäßen Anbau (4252) Von I. Gabriel, 416 S., 176 Farbfotos, 212 Farbzeichnungen, Pappband. ●●●

**Das Bio-Gartenjahr**
Arbeitsplan für naturgemäßes Gärtnern. (4169) Von N. Jorek, 128 S., 8 Farbtafeln, 70 s/w-Abb. kart. ●●

**Selbstversorgung aus dem eigenen Anbau**
Reichen Erntesegen verwerten und haltbar machen. (4182) Von M. Bustorf-Hirsch, M. Hirsch, 216 S., 270 Zeichnungen, Pappband. ●●●

**Mischkultur im Nutzgarten**
Mit Jahreskalender und Anbauplänen. (0651) Von H. Oppel, 112 S., 8 Farbtafeln, 23 s/w- Fotos, 29 Zeichnungen, kart. ●

Erfolgreich gärtnern mit
**Frühbeet und Folie**
(0828) Von Dr. Gustav Schoser, 88 S., 8 Farbtafeln, 46 s/w-Fotos, kart. ●

**Erfolgstips für den Gemüsegarten**
Mit naturgemäßem Anbau zu höherem Ertrag. (0674) Von F. Mühl, 80 S., 30 s/w-Fotos, 4 Zeichnungen, kart. ●

**Erfolgstips für den Obstgarten**
Gesunde Früchte durch richtige Sortenwahl und Pflege. (0827) Von F. Mühl, 184 S., 16 Farbtafeln, 33 Zeichnungen, kart. ●●

**Erfolgstips für den Zierkarten**
Schmuckpflanzen und Rasen richtig pflegen. (0930) Von F. Mühl, 156 S., 12 Farbtafeln, 26 s/w–Zeichnungen, kart. ●●

**Gemüse, Kräuter, Obst aus dem Balkongarten** – Erfolgreich ernten auf kleinstem Raum. (0694) Von S. Stein, 32 S., 34 Farbfotos, 6 Zeichnungen, Spiralbindung, kart. ●

**Keime, Sprossen, Küchenkräuter**
am Fenster ziehen – rund ums Jahr. (0658) Von F. und H. Jantzen, 32 S., 55 Farbfotos, Pappband. ●

**Balkons in Blütenpracht**
zu allen Jahreszeiten. (5047) Von N. Uhl, 64 S., 80 Farbfotos, Pappband. ●●

**Kletterpflanzen**
Rankende Begrünung für Fassade, Balkon und Garten. (5140) Von M. Haberer, 64 S., 70 Farbabb., 2 Zeichnungen, Pappband. ●●

**Mein Kräutergarten rund ums Jahr**
Täglich schnittfrisch und gesund würzen. (4192) Von Prof. Dr. G. Lysek, 136 S., 15 Farbtafeln, 91 Zeichnungen, kart. ●●

**Blühende Zimmerpflanzen**
94 Arten mit Pflegeanleitungen. (5010) Von R. Blaich, 64 S., 107 Farbfotos, Pappband. ●●

Prof. Stelzers grüne Sprechstunde
**Gesunde Zimmerpflanzen**
Krankheiten erkennen und behandeln · Mit neuem Diagnosesystem. (4274) Von Prof. Dr. G. Stelzer, 192 S., 410 Farbfotos, 10 s/w-Zeichnungen, Pappband. ●●●●

**365 Erfolgstips für schöne Zimmerpflanzen**
(0893) Von H. Jantra, 144 S., 215 Farbfotos, kart. ●●

Videokassette
**Pflanzenjournal**
Blumen- und Pflanzenpflege im Jahreslauf. (6036) VHS, ca. 30 Min., in Farbe. ●●●●*

**Blütenpracht in Grolit 2000**
Der neue, mühelose Weg zu farbenprächtigen Zimmerpflanzen. (5127) Von G. Vocke, 64 S., 50 Farbfotos, Pappband. ●●

**Ziergräser**
Über 100 Arten erfolgreich kultivieren. (0829) Von H. Jantra, 104 S., 73 Farbfotos, 6 Farbzeichnungen, kart. ●●

**Bonsai**
Japanische Miniaturbäume und Miniaturlandschaften. Anzucht, Gestaltung und Pflege. (4091) Von B. Lesniewicz, 160 S., 106 Farbfotos, 46 s/w-Fotos, 115 Zeichnungen, gebunden. ●●●●●

**Zimmerbäume, Palmen und andere Blattpflanzen**
Standort, Pflege, Vermehrung, Schädlinge. (5111) Von G. Schoser, 96 S., 98 Farbfotos, 7 Zeichnungen, Pappband. ●●

Die hier vorgestellten Bücher, Videokassetten und Software sind in folgende Preisgruppen unterteilt:

● Preisgruppe bis DM 10,–/S 79,–
●● Preisgruppe über DM 10,– bis DM 20,– S 80,– bis S 160,–
●●● Preisgruppe über DM 20,– bis DM 30,– S 161,– bis S 240,–
●●●● Preisgruppe über DM 30,– bis DM 50,– S 241,– bis S 400,–
●●●●● Preisgruppe über DM 50,–/S 401,–
*(unverbindliche Preisempfehlung)

Die Preise entsprechen dem Status beim Druck dieses Verzeichnisses (s. Seite 1) – Änderungen, im besonderen der Preise, vorbehalten –

**Biologisch zimmergärtnern**
Zier- und Nutzpflanzen natürlich pflegen. (4144) Von N. Jorek, 152 S., 15 Farbtafeln, 120 s/w-Fotos, Pappband. ●●

**Zimmerpflanzen in Hydrokultur**
Leitfaden für problemlose Blumenpflege. (0660) Von H.-A. Rotter, 32 S., 76 Farbfotos, 8 farbige Zeichnungen, Pappband. ●

**Kakteen und andere Sukkulenten**
300 Arten mit über 500 Farbfotos. (4116) Von G. Andersohn, 316 S., 520 Farbfotos, 193 Zeichnungen, Pappband. ●●●●

**Fibel für Kakteenfreunde**
(0199) Von H. Herold, 102 S., 23 Farbfotos, 37 s/w-Abb., kart. ●

**Kakteen**
Herkunft, Anzucht, Pflege, Arten. (5021) Von W. Hoffmann, 64 S., 70 Farbfotos, Pappband. ●●

Faszinierende Formen und Farben
**Kakteen**
(4211) Von K. und F. Schild, 96 S., 127 Farbfotos, Pappband. ●●●

Falken-Handbuch **Orchideen**
Lebensraum, Kultur, Anzucht und Pflege. (4231) Von G. Schoser, 144 S., 121 Farbfotos, 28 Farbzeichnungen, Pappband. ●●●

**Vogelhäuschen, Nistkästen, Vogeltränken**
mit Plänen und Anleitungen zum Selbstbau. (0695) Von J. Zech 32 S., 42 Farbfotos, 6 Zeichnungen, Pappband. ●

Falken-Handbuch
**Umweltschutz**
Das Öko-Testbuch zur Eigeninitiative. (4160) Von M. Häfner, 352 S., 411 Farbf., 152 Farbzeichnungen, Pappband. ●●●●

**Pilze**
erkennen und benennen. (0380) Von J. Raithelhuber, 136 S., 110 Farbfotos, kart. ●●

Falken-Handbuch **Pilze**
Mit über 250 Farbfotos und Rezepten. (4061) Von M. Knoop, 276 S., 250 Farbfotos, Pappband. ●●●●

**Speisepilze aus eingener Zucht**
Anbau · Pflege · Zubereitung
(0909) Von U. Groos, 72 S., 8 Farbtafeln, 16 s/w-Zeichnungen, kart. ●

Grizimek Juniors **BUNTE TIERWELT**
(4295) Von Chr. Grizimek, 208 S., 308 Farbfotos, Pappband. ●●●

Falken-Handbuch **Katzen**
(4158) Von B. Gerber, 176 S., 294 Farb- und 88 s/w-Fotos, Pappband. ●●●●

**Katzen**
Rassen · Haltung · Pflege. (4216) Von B. Eilert-Overbeck, 96 S., 82 Farbfotos, Pappband. ●●●

**Das neue Katzenbuch**
Rassen – Aufzucht – Pflege. (0427) Von B. Eilert-Overbeck, 136 S., 14 Farbfotos, 26 s/w-Fotos, kart. ●

**Katzenkrankheiten**
Erkennung und Behandlung. Steuerung des Sexualverhaltens. (0652) Von Dr. med. vet. R. Spangenberg, 176 S., 64 s/w-Fotos, 4 Zeichnungen, kart. ●

Falken-Handbuch **Hunde**
(4118) Von H. Bielfeld, 176 S., 222 Farb- und 73 s/w-Abb., Pappband. ●●●●

**Hunde**
Rassen · Erziehung · Haltung. (4209) Von H. Bielfeld, 96 S., 101 Farbfotos, Pappband. ●●●

**Das neue Hundebuch**
Rassen · Aufzucht · Pflege. (0009) Von W. Busack, überarbeitet von Dr. med. vet. A. H. Hacker und H. Bielfeld, 112 S., 8 Farbtafeln, 27 s/w-Fotos, 6 Zeichnungen, kart. ●

Falken-Handbuch
**Der Deutsche Schäferhund**
(4077) Von U. Förster, 228 S., 160 Abb., Pappband. ●●●

**Der Deutsche Schäferhund**
Aufzucht, Pflege und Ausbildung. (0073) Von A. Hacker, 104 S., 56 Abb., kart. ●

**Dackel, Teckel, Dachshund**
Aufzucht · Pflege · Ausbildung. (0508) Von M. Wein-Gysae, 112 S., 4 Farbtafeln, 43 s/w-Fotos, 2 Zeichnungen, kart. ●

**Hundeausbildung**
Verhalten – Gehorsam – Abrichtung. (0346) Von Prof. Dr. R. Menzel, 96 S., 18 Fotos, kart. ●

**Grundausbildung für Gebrauchshunde**
Schäferhund, Boxer, Rottweiler, Dobermann, Riesenschnauzer, Airedaleterrier, Hovawart und Bouvier. (0801) Von M. Schmidt und W. Koch, 104 S., 8 Farbtafeln, 51 s/w-Fotos, 5 s/w-Zeichnungen, kart. ●

**Hundekrankheiten**
Erkennung und Behandlung, Steuerung des Sexualverhaltens. (0570) Von Dr. med. vet. R. Spangenberg, 128 S., 68 s/w-Fotos, 10 Zeichnungen, kart. ●

Falken-Handbuch **Pferde**
(4186) Von H. Werner, 176 S., 196 Farb-und 50 s/w-Fotos, 100 Zeichnungen, Pappband. ●●●●

**Wellensittiche**
Arten · Haltung · Pflege · Sprechunterricht · Zucht. (5136) Von H. Bielfeld, 64 S., 59 Farbfotos, Pappband. ●●

**Papageien und Sittiche**
Arten · Pflege · Sprechunterricht. (0591) Von H. Bielfeld, 112 S., 8 Farbtafeln, kart. ●

**Geflügelhaltung als Hobby**
(0749) Von M. Baumeister, H. Meyer, 184 S., 8 Farbtafeln, 47 s/w-Fotos, 15 Zeichnungen, kart. ●●

**Das Süßwasser-Aquarium**
Einrichtung · Pflege · Fische · Pflanzen. (0153) Von H. J. Mayland, 152 S., 16 Farbtafeln, 43 s/w-Zeichnungen, kart. ●●

Falken-Handbuch
**Süßwasser-Aquarium**
(4191) Von H. J. Mayland, 288 S., 564 Farbfotos, 75 Zeichnungen, Pappband. ●●●●

DIE TIERSPRECHSTUNDE
**Tiere im Wassergarten**
(0808) Von Dr. med. vet. E. M. Bartenschlager, 96 S., 84 Farbfotos, 7 Zeichnungen, kart. ●

DIE TIERSPRECHSTUNDE
**Sittiche und kleine Papageien**
(0864) Von Dr. med. vet. E. M. Bartenschlager, 88 S., 84 Farbfotos, 9 Zeichnungen, kart. ●

DIE TIERSPRECHSTUNDE
**Junge Katzen**
(0862) Von Dr. med. vet. E. M. Bartenschlager, 72 S., 40 Farbfotos, 4 Farbzeichnungen, kart. ●

DIE TIERSPRECHSTUNDE
**Alles über Igel in Natur und Garten**
(0810) Von Dr. med. vet. E. M. Bartenschlager, 68 S., 51 Farbfotos, kart. ●

DIE TIERSPRECHSTUNDE
**Alles über Meerschweinchen**
(0809) Von Dr. med. vet. E. M. Bartenschlager, 72 S., 43 Farbfotos, 11 Farbzeichnungen, kart. ●

**DIE TIERSPRECHSTUNDE**
**Alles über junge Hunde**
(0863) Von Dr. med. vet. E. M. Bartenschlager, 64 S., 49 Farbfotos, 6 Zeichnungen, kart. ●

DIE TIERSPRECHSTUNDE
**Richtige Hundeernährung**
(0811) Von Dr. med. vet. E. M. Bartenschlager, 80 S., 51 Farbfotos, 4 Farbzeichnungen, kart. ●

**Dinosaurier**
und andere Tiere der Urzeit. (4219) Von G. Alschner, 96 S., 81 Farbzeichnungen, 4 Fotos, Pappband. ●●●

# Mensch und Gesundheit

**Die Frau als Hausärztin**
Der unentbehrliche Ratgeber für die Gesundheit. (4072) Von Dr. med. A. Fischer-Dückelmann, 808 S., 14 Farbtafeln, 146 s/w-Fotos, 203 Zeichnungen, Pappband. ●●●

**Dr. Reitners großes Gesundheitslexikon**
Mit über 5000 Stichwörtern. (4282) Von Dr. med. H.-J. Lewitzka-Reitner, in Zusammenarbeit mit P. Janknecht und U. Kannapinn, 504 S., 424 s/w-Abbildungen, Pappband. ●●

**Sexualberatung**
(0402) Von Dr. M. Röhl, 168 S., 8 Farbtafeln, 17 Zeichnungen, Pappband. ●●

**Die Kunst des Stillens**
nach neuesten Erkenntnissen
(0701) Von Prof. Dr. med. E. Schmidt, S. Brunn, 112 S., 20 Fotos und Zeichnungen, kart. ●

**Wenn Sie ein Kind bekommen**
(4003) Von U. Klamroth, Dr. med. H. Oster, 240 S., 86 s/w-Fotos, 30 Zeichnungen, kart. ●●●

Der moderne Ratgeber
**Wir werden Eltern**
Schwangerschaft · Geburt · Erziehung des Kleinkindes. (4269) Von B. Nees-Delaval, 376 S., 335 zweifarbige Abbildungen, Pappband. ●●●●

**Vorbereitung auf die Geburt**
Schwangerschaftsgymnastik, Atmung, Rückbildungsgymnastik. (0251) Von S. Buchholz, 112 S., 98 s/w-Fotos, kart. ●

**Wie soll es heißen?**
(0211) Von D. Köhr, 136 S., kart. ●

**Das Babybuch**
Pflege · Ernährung · Entwicklung. (0531) Von A. Burkert, 128 S., 16 Farbtafeln, 38 s/w-Fotos, 30 Zeichnungen, kart. ●●

**Wenn der Mensch zum Vater wird**
Ein heiter-besinnlicher Ratgeber. (4259) Von D. Zimmer, 160 S., 20 Zeichnungen, Pappband. ●●

**Wenn Kinder krank werden**
Medizinischer Ratgeber für Eltern. (4240) Von Dr. med. I. J. Chasnoff, B. Nees-Delaval, 232 S., 163 Zeichnungen, Pappband. ●●●

Die hier vorgestellten Bücher, Videokassetten und Software sind in folgende Preisgruppen unterteilt:

● Preisgruppe bis DM 10,–/S 79,–
●● Preisgruppe über DM 10,– bis DM 20,– S 80,– bis S 160,–
●●● Preisgruppe über DM 20,– bis DM 30,– S 161,– bis S 240,–
●●●● Preisgruppe über DM 30,– bis DM 50,– S 241,– bis S 400,–
●●●●● Preisgruppe über DM 50,–/S 401,–
*(unverbindliche Preisempfehlung)

Die Preise entsprechen dem Status beim Druck dieses Verzeichnisses (s. Seite 1) – Änderungen, im besonderen der Preise, vorbehalten –

**Psycho-Tests**
– Erkennen Sich sich selbst. (0710) Von B. M. Nash, R. B. Monchick, 304 S., 81 Zeichnungen, kart. ●●

FALKEN-SOFTWARE
**Ego-Tests**
Sich und andere besser erkennen und verstehen. (7012) Diskette für IBM PC kompatible (MS DOS) mit Begleitheft. ●●●●●*

**Frauenträume – Männerträume**
und ihre Bedeutung. (4198) Von G. Senger, 272 S., mit Traumlexikon, Pappband. ●●●

Wie Sie im Schlaf das Leben meistern
**Schöpferisch träumen**
Der Klartraum als Lebenshilfe. (4258) Von Prof. D. P. Tholey, K. Utecht. 256 S., 1 s/w-Foto, 20 Zeichnungen, Pappband. ●●●

**So deutet man Träume**
Die Bildersprache des Unbewußten. (0444) Von G. Haddenbach, 160 S., Pappband. ●

**Bildatlas des menschlichen Körpers**
(4177) Von G. Pogliani, V. Vannini, 112 S., 402 Farbabb. 28 s/w-Fotos, Pappband. ●●●

**Ratgeber Aids**
Entstehung, Ansteckung, Krankheitsbilder, Heilungschancen, Schutzmaßnahmen. (0803) Von B. Baartman, Vorwort von Dr. med. H. Jäger, 112 S., 8 Farbtafeln, 4 Grafiken, kart. ●●

**Enzyme**
Vitalstoffe für die Gesundheit. (0677) Von G. Leibold, 96 S., kart. ●

**Heilfasten**
(0713) Von G. Leibold, 108 S., kart. ●

**Besser leben durch Fasten**
(0841) Von G. Leibold, 100 S., kart. ●

**Fastenkuren**
Wege zur gesunden Lebensführung. Rezepte und Tips für die Nachfastenzeit. Kurzfasten · Saftfastenkuren · Fastenschalttage · Heilfasten. (4248) Von Ha. A. Mehler, H. Keppler, 144 S., 16 s/w-Fotos, 9 Zeichnungen, Pappband. ●●●

Aus dem Schatz der Naturmedizin
**Heilkräuterkuren**
(4268) Von Dr. med. E. Rauch, Dr. rer. nat. P. Kruletz, 144 S., 49 Zeichnungen, kart. ●●

**Rheuma behandeln und lindern**
Mit einem Vorwort von Dr. med. Max-Otto-Bruker. (0836) Von G. Leibold, 100 S., kart. ●

**Die echte Schroth-Kur**
(0797) Von Dr. med. R. Schroth, 88 S., 2 s/w-Fotos, kart. ●

**Streß bewältigen durch Entspannung**
(0834) Von Dr. med. Chr. Schenk, 88 S., 29 Zeichnungen, kart. ●

**Gesundheit und Spannkraft durch Yoga**
(0321) Von L. Frank und U. Ebbers, 112 S., 50 s/w-Fotos, kart. ●

**Yoga für jeden**
(0341) Von K. Zebroff, 156 S., 135 Abb., Spiralbindung, ●●●

**Yoga für Schwangere**
Der Weg zur sanften Geburt. (0777) Von V. Bolesta-Hahn, 108 S., 76 zweifarbige Abb. kart. ●●

**Yoga gegen Haltungsschäden und Rückenschmerzen**
(0394) Von A. Raab, 104 S., 215 Abb., kart. ●

Bauch, Taille und Hüfte gezielt formen durch
**Aktiv-Yoga**
(0709) Von K. Zebroff, 112 S., 102 Farbfotos, kart. ●●

**Hypnose und Autosuggestion**
Methoden – Heilwirkungen – praktische Beispiele. (0483) Von G. Leibold, 120 S., 9 Illustrationen, kart. ●

**Kneippkuren zu Hause**
(0779) Von G. Leibold, 112 S., 25 Zeichnungen, kart. ●

**Krebsangst und Krebs behandeln**
Mit einem Vorwort von Prof. Dr. med. Friedrich Douwes. (0839) Von G. Leibold, 104 S., kart. ●

**Allergien behandeln und lindern**
Mit einem Vorwort von Prof. Dr. med. Axel Stemmann. (0840) Von G. Leibold, 104 S., 4 Zeichnungen, kart. ●

**Besser sehen durch Augentraining**
Ein Gesundheitsprogramm zur Verbesserung des Sehvermögens. (0914) Von K. Schutt, B. Rumpler, 96 S., 32 s/w-Zeichnungen, kart. ●

**Darmleiden**
Krankheitsbilder, Behandlung, Selbstbehandlung, Richtige Lebensführung und Ernährung. (0798) Von Dr. med. K. Steffens, 112 S., 46 Zeichnungen, kart. ●

**Massage**
(0750) Von B. Rumpler, K. Schutt, 112 S., 116 zweifarbige Zeichnungen, kart. ●●

**Fußmassage**
Reflexzonentherapie am Fuß (0714) Von G. Leibold, 96 S., 38 Zeichnungen, kart. ●

**Rheuma und Gicht**
Krankheitsbilder, Behandlung, Therapieverfahren, Selbstbehandlung, Richtige Lebensführung und Ernährung. (0712) Von Dr. J. Höder, J. Bandick, 104 S., kart. ●

**Diabetes**
Krankheitsbild, Therapie, Kontrollen, Schwangerschaft, Sport, Urlaub, Alltagsprobleme, Neueste Erkenntnisse der Diabetesforschung. (0895) Von Dr. med. H. J. Krönke, 120 S., 4 Farbtafeln, 14 s/w-Fotos, 13 s/w-Zeichnungen, kart. ●

**Krampfadern**
Ursachen, Vorbeugung, Selbstbehandlung, Therapieverfahren. (0727) Von Dr. med. K. Steffens, 96 S., 38 Abb., kart. ●

**Gallenleiden**
Krankheitsbilder, Behandlung, Therapieverfahren, Selbstbehandlung, Richtige Lebensführung und Ernährung. (0673) Von Dr. med. K. Steffens, 104 S., 34 Zeichnungen, kart. ●

**Asthma**
Pseudokrupp, Bronchitis und Lungenemphysem. (0778) Von Prof. Dr. med. W. Schmidt, 120 S., 56 Zeichnungen, kart. ●

**Autogenes Training**
Anwendung · Heilwirkungen · Methoden. (0541) Von R. Faller, 128 S., 3 Zeichnungen, kart. ●

**Die fernöstliche Fingerdrucktherapie Shiatsu**
Anleitungen zur Selbsthilfe – Heilwirkungen. (0615) Von G. Leibold, 196 S., 180 Abb., kart. ●●

**Eigenbehandlung durch Akupressur**
Heilwirkungen – Energielehre – Meridiane. (0417) Von G. Leibold, 152 S., 78 Abb., kart. ●

**Chinesische Naturheilverfahren**
Selbstbehandlung mit bewährten Methoden der physikalischen Therapie. Atemtherapie · Heilgymnastik · Selbstmassage · Vorbeugen · Behandeln · Entspannen. (4247) Von F. T. Lie, 160 S., 292 zweifarbige Zeichnungen, Pappband. ●●●

Massagetechniken und Heilanzeigen
**Reflexzonentherapie**
(4404) Von G. Leibold, 128 S., 53 Farbzeichnungen, Pappband. ●●●

Chinesisches Schattenboxen
**Tai-Ji-Quan**
für geistige und körperliche Harmonie. (0850) Von F. T. Lie, 120 S., 221 s/w-Fotos, 9 s/w-Zeichnungen, Beilage: 1 s/w-Poster mit zahlreichen Abbildungen, kart. ●●

Gesundheit durch altbewährte Kräuterrezepte und Hausmittel aus der
**Natur-Apotheke**
(4156) Von G. Leibold, 236 S., 8 Farbtafeln, 100 Zeichnungen, kart., ●●

**Heiltees und Kräuter für die Gesundheit**
(4123) Von G. Leibold, 136 S., 15 Farbtafeln, 16 Zeichnungen, kart. ●●

Falken-Handbuch **Heilkräuter**
Modernes Lexikon der Pflanzen und Anwendungen (4076) Von G. Leibold, 392 S., 183 Farbfotos, 22 Zeichnungen, geb. ●●●●

**Kochen für Diabetiker**
Gesund und schmackhaft für die ganze Familie. (4132) Von M. Toeller, W. Schumacher, A. C. Groote, 224 S., 109 Farbfotos, 94 Zeichnungen, Pappband. ●●●

**Neue Rezepte für Diabetiker-Diät**
Vollwertig – abwechslungsreich - kalorienarm. (0418) Von M. Oehlrich, 120 S., 8 Farbtafeln, kart. ●

**Diät bei Krankheiten des Magens und Zwölffingerdarms**
Rezeptteil von B. Zöllner. (3201) Von Prof. Dr. med. H. Kaess, 96 S., 35 Farbfotos, 1 s/w-Zeichnung, kart. ●●

**Diät bei Herzkrankheiten und Bluthochdruck**
Salzarme (natriumarme) Kost, Rezeptteil von B. Zöllner. (3202) Von Prof. Dr. med. H. Rottka, 92 S., 4 Farbtafeln, kart. ●●

**Diät bei Erkrankungen der Nieren, Harnwege und bei Dialysebehandlung**
Rezeptteil von B. Zöllner. (3203) Von Prof. Dr. med. Dr. h. c. H. J. Sarre und Prof. Dr. med. R. Kluthe, 96 S., 33 Farbfotos, 1 s/w-Zeichnung, kart. ●●

**Richtige Ernährung wenn man älter wird**
Rezeptteil von B. Zöllner. (3204) Von Prof. Dr. med. H.-J. Pusch. 96 S., 36 Farbfotos und 3 s/w-Zeichnungen, kart. ●●

**Diät bei Gicht und Harnsäuresteinen**
Rezeptteil von B. Zöllner. (3205) Von Prof. Dr. med. N. Zöllner, 80 S., 4 Farbtafeln, kart. ●●

**Diät bei Zuckerkrankheit**
Rezeptteil von B. Zöllner. (3206) Von Prof. Dr. med. P. Dieterle, 112 S., 42 Farbfotos, 4 vierfarbige Vignetten, 1 s/w-Zeichnung, kart. ●●

**Diät bei Krankheiten der Gallenblase, Leber und Bauchspeicheldrüse**
Rezeptteil von B. Zöllner. (3207) Von Prof. Dr. med. H. Kasper, 88 S., 4 Farbtafeln, kart. ●●

**Diät bei Störungen des Fettstoffwechsels und zur Vorbeugung der Arteriosklerose**
Rezeptteil von B. Zöllner. (3208) Von Prof. Dr. med. G. Wolfram und Dr. med. O. Adam, 104 S., 4 Farbtafeln, kart. ●●

**Diät bei Übergewicht**
Rezeptteil von B. Zöllner. (3209) Von Prof. Dr. med. Ch. Keller, 104 S., 42 Farbfotos, 3 s/w-Zeichnungen, kart. ●●

Die hier vorgestellten Bücher, Videokassetten und Software sind in folgende Preisgruppen unterteilt:

● Preisgruppe bis DM 10,–/S 79,–
●● Preisgruppe über DM 10,– bis DM 20,– S 80,– bis S 160,–
●●● Preisgruppe über DM 20,– bis DM 30,– S 161,– bis S 240,–
●●●● Preisgruppe über DM 30,– bis DM 50,– S 241,– bis S 400,–
●●●●● Preisgruppe über DM 50,–/S 401,–
*(unverbindliche Preisempfehlung)

Die Preise entsprechen dem Status beim Druck dieses Verzeichnisses (s. Seite 1) – Änderungen, im besonderen der Preise, vorbehalten –

FALKEN

**Diät bei Darmkrankheiten**
Durchfall – Divertikulose, Reizdarm und Darmträgheit – einheimische Sprue (Zöliakie) – Disaccharidasemangel – Dünndarmresektion – Dumping Syndrom. Rezeptteil von B. Zöllner. (3211) Von Prof. Dr. med. G. Strohmeyer, 88 S., 4 Farbtafeln, kart. ●●

**Ballaststoffreiche Kost bei Funktionsstörungen des Darms**
Rezeptteil von B. Zöllner. (3212) Von Prof. Dr. med. H. Kasper, 96 S., 34 Farbfotos, 1 s/w-Foto, kart. ●●

# Rat und Wissen

**Der gute Ton**
Ein moderner Knigge. (0063) Von I. Wolter, 168 S., 38 Zeichnungen, 53 s/w-Fotos, kart. ●

**Haushaltstips von A bis Z**
(0759) Von A. Eder, 80 S., 30 Zeichnungen, kart. ●

**Familienforschung · Ahnentafel · Wappenkunde**
Wege zur eigenen Familienchronik. (0744) Von P. Bahn, 128 S., 8 Farbtafeln, 30 Abbildungen, kart. ●●

**Die Kunst der freien Rede**
Ein Intensivkurs mit vielen Übungen, Beispielen und Lösungen. (4189) Von G. Hirsch, 232 S., 11 Zeichnungen, Pappband. ●●●

**Reden zur Taufe, Kommunion und Konfirmation**
(0751) Von G. Georg, 96 S., kart. ●

**Der richtige Brief zu jedem Anlaß**
Das moderne Handbuch mit 400 Musterbriefen. (4179) Von H. Kirst, 376 S., Pappband. ●●●

**Wir heiraten**
Ratgeber zur Vorbereitung und Festgestaltung der Verlobung und Hochzeit. (4188) Von C. Poensgen, 216 S., 8 s/w-Fotos, 30 s/w-Zeichnungen, 8 Farbtafeln, Pappband. ●●●

**Wir feiern Hochzeit**
Festgestaltung – phantasievoll und modern. (0943) Von H. J. Winkler, 120 S., kart. ●

**Von der Verlobung zur Goldenen Hochzeit**
(0393) Von E. Ruge, 120 S., kart. ●

**Reden zur Hochzeit**
Musteransprachen für Hochzeitstage. (0654) Von G. Georg, 112 S., kart. ●

**Glückwünsche, Toasts und Festreden zur Hochzeit.**
(0264) Von I. Wolter, 128 S., 18 Zeichnungen, kart. ●

**Hochzeits- und Bierzeitungen**
Muster, Tips und Anregungen. (0288) Von H.-J. Winkler, mit vielen Text- und Gestaltungsanregungen, 116 S., 15 Abb., 1 Musterzeitung, kart. ●

**Kindergedichte zur Grünen, Silbernen und Goldenen Hochzeit**
(0318) Von H.-J. Winkler, 104 S., 20 Abb., kart. ●

**Kindergedichte für Familienfeste**
(0860) Von B. H. Bull, 96 S., 20 Zeichnungen, kart. ●

**Die Silberhochzeit**
Vorbereitung · Einladung · Geschenkvorschläge · Dekoration · Festablauf · Menüs · Reden · Glückwünsche. (0542) Von K. F. Merkle, 120 S., 41 Zeichnungen, kart. ●

**Großes Buch der Glückwünsche**
(0255) Hrsg. von O. Fuhrmann, 176 S., 77 Zeichnungen und viele Gestaltungsvorschläge, kart. ●

**Herzliche Glückwünsche!**
Die schönsten Gedichte und Texte für viele Gelegenheiten. (0942) Hrsg. von B. H. Bull, 256 S., 50 Zeichnungen, Pappband. ●●

**Neue Glückwunschfibel**
für Groß und Klein. (0156) Von R. Christian-Hildebrandt, 96 S., kart. ●

**Glückwunschverse für Kinder**
(0277) Von B. Ulrici, 80 S., kart. ●

**Die Redekunst**
Rhetorik · Rednererfolg (0076) Von K. Wolter, überarbeitet von Dr. W. Tappe, 80 S., kart. ●

**Reden und Ansprachen**
für jeden Anlaß. (4009) Hrsg. von F. Sicker, 454 S., gebunden. ●●●●

**Reden zum Jubiläum**
Musteransprachen für viele Gelegenheiten (0595) Von G. Georg, 112 S., kart. ●

**Reden zum Ruhestand**
Musteransprachen zum Abschluß des Berufslebens (0790) Von G. Georg, 104 S., kart. ●

**Reden und Sprüche zu Grundsteinlegung, Richtfest und Einzug**
(0598) Von A. Bruder, G. Georg, 96 S., kart. ●

**Reden zu Familienfesten**
Musteransprachen für viele Gelegenheiten. (0675) Von G. Georg, 112 S., kart. ●

**Reden zum Geburtstag**
Musteransprachen für familiäre und offizielle Anlässe. (0773) Von G. Georg, 104 S., kart. ●

**Festreden und Vereinsreden**
Ansprachen für festliche Gelegenheiten. (0069) Von K. Lehnhoff, E. Ruge, 88 S., kart. ●

**Reden im Verein**
Musteransprachen für viele Gelegenheiten. (0703) Von G. Georg, 112 S., kart. ●

**Programm und Publikum**
Der ständige Versuch einer Annäherung. Beiträge und Reden über das öffentlich-rechtliche Fernsehen. (0874) Von A. Schardt, 167 S., kart. ●●

**Trinksprüche**
Fest- und Damenreden in Reimen. (0791) Von L. Metzner, 88 S., 14 s/w-Zeichnungen, kart. ●

**Trinksprüche, Richtsprüche, Gästebuchverse**
(0224) Von D. Kellermann, 80 S., kart. ●

**Ins Gästebuch geschrieben**
(0576) Von K. H. Trabeck, 96 S., 24 Zeichnungen, kart. ●

**Poesiealbumverse**
Heiteres und Besinnliches. (0578) Von A. Göttling, 112 S., 20 Zeichnungen, Pappband. ●●

**Verse fürs Poesiealbum**
(0241) Von I. Wolter, 96 S., 20 Abb., kart. ●

Rosen, Tulpen, Nelken . . .
**Beliebte Verse fürs Poesiealbum**
(0431) Von W. Pröve, 96 S., 11 Faksimile-Abb., kart. ●

**Der Verseschmied**
Kleiner Leitfaden für Hobbydichter. Mit Reimlexikon. (0597) Von T. Parisius, 96 S., 28 Zeichnungen, kart. ●

**Moderne Korrespondenz**
Handbuch für erfolgreiche Briefe. (4014) Von H. Kirst und W. Manekeller, 544 S., Pappband. ●●●●

**Der neue Briefsteller**
Musterbriefe für alle Gelegenheiten. (0060) Von I. Wolter-Rosendorf, 112 S., kart. ●

**Geschäftliche Briefe**
des Privatmanns, Handwerkers, Kaufmanns. (0041) Von A. Römer, 120 S., kart. ●

**Behördenkorrespondenz**
Musterbriefe – Anträge – Einsprüche. (0412) Von E. Ruge, 120 S., kart. ●

**Musterbriefe**
für alle Gelegenheiten. (0231) Hrsg. von O. Fuhrmann, 240 S., kart. ●

**Privatbriefe**
Muster für alle Gelegenheiten. (0114) Von I. Wolter-Rosendorf, 132 S., kart. ●

**Briefe zu Geburt und Taufe**
Glückwünsche und Danksagungen. (0802) Von H. Beitz, 96 S., 12 Zeichnungen, kart. ●

**Briefe zum Geburtstag**
Glückwünsche und Danksagungen (0822) Von H. Beitz, 104 S., 22 Zeichnungen, kart. ●

**Briefe zur Hochzeit**
Glückwünsche und Danksagungen (0852) Von R. Röngen, 96 S., 1 Zeichnung, 39 Vignetten, kart. ●

**Briefe der Liebe**
Anregungen für gefühlvolle und zärtliche Worte. (0903) Hrsg. von H. Beitz, 96 S., 4 Zeichnungen, kart. ●

**Erfolgstips für den Schriftverkehr**
Briefwechsel leicht gemacht durch einfachen Stil und klaren Ausdruck (0678) Von U. Schoenwald, 120 S., kart. ●

**Worte und Briefe der Anteilnahme**
(0464) Von E. Ruge, 128 S., mit vielen Abb., kart. ●

**Reden in Trauerfällen**
Musteransprachen für Beerdigungen und Trauerfeiern (0736) Von G. Georg, 104 S., kart. ●

In Anerkennung Ihrer…
**Lob und Würdigung in Briefen und Reden**
(0535) Von H. Friedrich, 136 S., kart. ●

**Das große farbige Kinderlexikon**
(4195) Von U. Kopp, 320 S., 493 Farbabb., 17 s/w-Fotos, Pappband. ●●●

ZDF · ORF · DRS
**Kompaß Jugend-Lexikon**
(4096) Von R. Kerler, J. Blum, 336 S., 766 Farbfotos, 39 s/w-Abb., Pappband. ●●●●

**Elternsache Grundschule**
(0692) Hrsg. von K. Meynersen, 324 S., kart. ●●●

**Vom Urkrümel zum Atompilz**
Evolution – Ursache und Ausweg aus der Krise. (4181) Von J. Voigt, 188 S., 20 Farb- und 70 s/w-Fotos, 32 Zeichnungen, kart. ●●

**Neues Denken – alte Geister**
New Age unter der Lupe. (4278) Von G. Myrell, Dr. W. Schmandt, J. Voigt, 176 S., 54 Farbfotos, 3 Zeichnungen, kart. ●●

Die hier vorgestellten Bücher, Videokassetten und Software sind in folgende Preisgruppen unterteilt:

● Preisgruppe bis DM 10,–/S 79,–
●● Preisgruppe über DM 10,– bis DM 20,– S 80,– bis S 160,–
●●● Preisgruppe über DM 20,– bis DM 30,– S 161,– bis S 240,–
●●●● Preisgruppe über DM 30,– bis DM 50,– S 241,– bis S 400,–
●●●●● Preisgruppe über DM 50,–/S 401,–
*(unverbindliche Preisempfehlung)

Die Preise entsprechen dem Status beim Druck dieses Verzeichnisses (s. Seite 1) – Änderungen, im besonderen der Preise, vorbehalten –

**Schülerlexikon der Mathematik**
Formeln, Übungen und Begriffserklärungen für die Klassen 5–10. (0430) Von R. Müller, 176 S., 96 Zeichnungen, kart. ●

**Mathematik verständlich**
Zahlenbereiche Mengenlehre, Algebra, Geometrie, Wahrscheinlichkeitsrechnung, Kaufmännisches Rechnen. (4135) Von R. Müller, 652 S., 10 s/w- und 109 Farbfotos, 802 farbige und 79 s/w-Zeichnungen, über 2500 Beispiele und Übungen mit Lösungen, Pappband. ●●●●●

**Mathematische Formeln für Schule und Beruf**
Mit Beispielen und Erklärungen. (0499) Von R. Müller, 156 S., 210 Zeichnungen, kart. ●

**Rechnen aufgefrischt**
für Schule und Beruf. (0100) Von H. Rausch, 144 S., kart. ●

**Physik verständlich**
Förderkurs für die Klassen 7 bis 10 (0926) Von Dr. Th. Neubert, 136 S., 146 s/w-Zeichnungen, 166 Aufgaben, kart. ●●

Mehr Erfolg in Schule und Beruf
**Besseres Deutsch**
Mit Übungen und Beispielen für Rechtschreibung, Diktate, Zeichensetzung, Aufsätze, Grammatik, Literaturbetrachtung, Stil, Briefe, Fremdwörter, Reden. (4115) Von K. Schreiner, 444 S., 7 s/w-Fotos, 27 Zeichnungen, Pappband. ●●●

**Richtiges Deutsch**
Rechtschreibung · Zeichensetzung · Grammatik · Stilkunde. (0551) Von K. Schreiner, 128 S., 7 Zeichnungen, kart. ●

**Diktate besser schreiben**
Übungen zur Rechtschreibung für die Klassen 4–8. (0469) Von K. Schreiner, 152 S., 31 Zeichnungen, kart. ●

**Aufsätze besser schreiben**
Förderkurs für die Klassen 4–10. (0429) Von K. Schreiner, 144 S., 4 s/w-Fotos, 27 Zeichnungen, kart. ●

**Deutsche Grammatik**
Ein Lern- und Übungsbuch. (0704) Von K. Schreiner, 112 S., kart. ●

Mehr Erfolg in der Schule
**Deutsche Rechtschreibung und Grammatik**
Übungen und Beispiele für die Klassen 5–10. (4407) Von K. Schreiner, 256 S., durchgehend zweifarbig, Pappband. ●●●

Mehr Erfolg in der Schule
**Der Deutschaufsatz**
Übungen und Beispiele für die Klassen 5–10. (4271) Von K. Schreiner, 240 S., 4 s/w-Fotos, 51 Zeichnungen, Pappband. ●●●

**Richtige Zeichensetzung**
durch neue, vereinfachte Regeln. Erläuterungen der Zweifelsfragen anhand vieler Beispiele. (0774) Von Prof. Dr. Ch. Stetter, 160 S., kart. ●

**Richtige Groß- und Kleinschreibung**
durch neue, vereinfachte Regeln. Erläuterungen der Zweifelsfragen anhand vieler Beispiele. (0897) Von Prof. Dr. Ch. Stetter, 96 S., kart. ●

**Besseres Englisch**
Grammatik und Übungen für die Klassen 5 bis 10. (0745) Von E. Henrichs, 144 S., ●●

**The Grammar Master**
Englische Grammatik üben und beherrschen. (7002) Diskette für den C 64/C 128 (im 64er Modus) ●●●●*

**Vokabeltrainer Englisch**
Von B. Hoppius. (7001) Wendediskette für C 64/C 128 PC, mit Begleitheft. ●●●●*
(7007) Wendediskette für Atari ST 520/1040, mit Begleitheft. ●●●●●*

**Take a Trip to Britain**
(7004) Von reLine, Diskette für C 64/C 128 PC, mit Begleitheft. ●●●●*

**Schnell und sicher zum Führerschein**
Tips und Tricks aus 30jähriger-Fahrschul-Praxis. (0921) Von O. Einert, 152 S., 156 Farbfotos, 161 z. T. farb. Zeichnungen, kart. ●●

**Maschinenschreiben für Kinder**
(0274) Von H. Kaus, 48 S., farbige Abb., kart. ●

So lernt man leicht und schnell
**Maschinenschreiben**
Lehrbuch für Schulen, Lehrgänge und Selbstunterricht. (0568) Von M. Kempkes, 112 S., 31 s/w- Fotos, 36 Zeichnungen, kart. ●●

**Maschinenschreiben durch Selbstunterricht**
(0170) Von A. Fonfara, 84 S., kart. ●

**Maschinenschreiben**
In 10 Tagen spielend gelernt. Von Unterrichtsmedien Hoppius. (7008) Diskette für den C 64 und C 128 PC ●●●●*
(7009) für IBM PC + kompatible, ●●●●●*
(7010) für Schneider CPC 464, 664, 6128, ●●●●●*

**Stenografie leicht gelernt**
im Kursus oder Selbstunterricht. (0266) Von H. Kaus, 64 S., kart. ●

**Buchführung**
leicht gefaßt. Ein Leitfaden für Handwerker und Gewerbetreibende. (0127) Von R. Pohl. 104 S., kart. ●

**Buchführung leicht gemacht**
Ein methodischer Grundkurs für den Selbstunterricht. (4238) Von D. Machenheimer, R. Kersten, 252 S., Pappband. ●●●

**Erfolgreiche Kaufmannspraxis**
Wirtschaftliche Grundlagen, Geld, Kreditwesen, Steuern, Betriebsführung, Recht, EDV. (4046) Von W. Göhler, H. Gölz, M. Heibel, Dr. D. Machenheimer, 544 S., gebunden. ●●●●

**Familienrecht**
Ehe – Scheidung – Unterhalt. (4190) Von T. Drewes, R. Hollender, 368 S., Pappband. ●●●

**Scheidung und Unterhalt**
nach dem neuen Eherecht. Mit dem Unterhaltsänderungsgesetz 1986. (0403) Von T. Drewes, 112 S., mit Kosten und Unterhaltstabellen, kart. ●

**Erziehungsgeld, Mutterschutz, Erziehungsurlaub**
Alles über das neue Recht für Eltern. Mit den Gesetzestexten. (0835) Von J. Grönert, 144 S., kart. ●●

**Endlich 18 und nun?**
Rechte und Pflichten mit der Volljährigkeit. (0646) Von R. Rathgeber, 224 S., 27 Zeichnungen, kart. ●●

**Was heißt hier minderjährig?**
(0765) Von R. Rathgeber, C. Rummel, 148 S., 50 Fotos, 25 Zeichnungen, kart. ●●

**Erbrecht und Testament**
Mit Erläuterungen des Erbschaftssteuergesetzes von 1974. (0046) Von Dr. jur. H. Wandrey, 124 S., kart. ●

**Testament und Erbschaft**
Erbfolge, Rechte und Pflichten der Erben, Erbschafts- und Schenkungssteuer, Mustertestamente. (4139) Von T. Drewes, R. Hollender, 304 S., Pappband. ●●●

**Mein letzter Wille**
Ratgeber für Erblasser, Erben und Hinterbliebene. (0939) Von T. Drewes, 136 S., 9 s/w-Zeichnungen, kart. ●●

Präzise Ratschläge für
**Ihre optimale Rente**
Vorbereitung · Berechnungsgrundlagen · Gesetzesänderungen · Individuelle Rechenbeispiele. (0806) Von K. Möcks, 96 S., 24 Formulare, 1 Graphik, kart. ●

**Mietrecht**
Leitfaden für Mieter und Vermieter. (0479) Von J. Beuthner, 196 S., kart. ●●

**Wege zum Börsenerfolg**
Aktien · Anleihen · Optionen (4275) Von H. Krause, 252 S., 4 s/w-Fotos, 86 Zeichnungen, Pappband. ●●●

**So werde ich erfolgreich**
Ratschläge und Tips für Beruf und Privatleben. (0918) Von H. Hans, 104 S., kart. ●●

**99 Alternativen für Umsteiger**
Mehr Freude am Leben mit dem richtigen Beruf. (4251) Von D. Maxeiner, P. Birkenmeier, 192 S., 143 Fotos, 46 Zeichnungen, kart. ●●●

**Lebenslauf und Bewerbung**
Beispiele für Inhalt, Form und Aufbau. (0428) Von H. Friedrich, 112 S. kart. ●

**Erfolgreiche Bewerbungsbriefe und Bewerbungsformen**
(0138) Von W. Manekeller, 88 S., kart. ●

**Die erfolgreiche Bewerbung**
Bewerbung und Vorstellung. (0173) Von W. Manekeller, 156 S., kart. ●

**Die Bewerbung**
Der moderne Ratgeber für Bewerbungsbriefe, Lebenslauf und Vorstellungsgespräche. (4138) Von W. Manekeller, 264 S., Pappband. ●●

**Erfolgreiche Bewerbung um einen Ausbildungsplatz**
(0715) Von H. Friedrich, 136 S., kart. ●

**Die ersten Tage am neuen Arbeitsplatz**
Ratschläge für den richtigen Umgang mit Kollegen und Vorgesetzten (0855) Von H. Friedrich, 104 S., kart. ●

**Zeugnisse im Beruf**
richtig schreiben, richtig verstehen. (0544) Von H. Friedrich, 112 S., kart. ●

**Vorstellungsgespräche**
sicher und erfolgreich führen. (0636) Von H. Friedrich, 144 S., kart. ●

**Keine Angst vor Einstellungsstests**
Ein Ratgeber für Bewerber. (0793) Von Ch. Titze. 120 S., 67 Zeichnungen, kart. ●

# Esoterik

**Bauernregeln, Bauernweisheiten, Bauernsprüche**
(4243) Von G. Haddenbach, 192 S., 62 Farbabb. 9 s/w-Fotos, 144 s/w-Zeichnungen, Pappband. ●●●

**Gesund durch Gedankenenergie**
Heilung im gemeinsamen Kraftfeld (6035) VHS, 45 Min., in Farbe ●●●●●*

Die hier vorgestellten Bücher, Videokassetten und Software sind in folgende Preisgruppen unterteilt:

● Preisgruppe bis DM 10,–/S 79,–
●● Preisgruppe über DM 10,– bis DM 20,– S 80,– bis S 160,–
●●● Preisgruppe über DM 20,– bis DM 30,– S 161,– bis S 240,–
●●●● Preisgruppe über DM 30,– bis DM 50,– S 241,– bis S 400,–
●●●●● Preisgruppe über DM 50,–/S 401,–
*(unverbindliche Preisempfehlung)

Die Preise entsprechen dem Status beim Druck dieses Verzeichnisses (s. Seite 1) – Änderungen, im besonderen der Preise, vorbehalten –

**Die Magie der Zahlen**
So nutzen Sie die Geheimnisse der Numerologie für Ihr persönliches Glück mit dem völlig neuen Planetennumeroskop
(4242) Von B. A. Mertz, 224 S., 36 Abbildungen, Pappband. ●●●

**I Ging der Liebe**
Das altchinesische Orakel für Partnerschaft und Ehe. (4244) Von G. Damian-Knight, 320 S., 64 s/w-Zeichnungen, Pappband. ●●●

Die neue Lebenshilfe **Biorhythmik**
Höhen und Tiefen der persönlichen Lebenskurven vorausberecnen und danach handeln. (0458) Von W. A. Appel, 157 S., 63 Zeichnungen, Pappband. ●●

**Die neue Erkenntnisse zum Biorhythmus**
Individuelle Rhythmogramme für Berufserfolg und Gesundheit, Partnerschaft und Freizeit, Beilage: Tagesformplaner.
(4276) Von H. Bott, 144 S., 35 s/w-Zeichnungen, Pappband. ●●●

Falken-Handbuch **Kartenlegen**
Wahrsagen mit Tarot-, Skat-, Lenormand- und Zigeunerblättern.
(4226) Von B. A. Mertz, 288 S., 38 Farb- und 108 s/w-Abb. Pappband. ●●●●

**Wahrsagen mit Tarot-Karten**
(0482) Von E. J. Nigg, 112 S., 4 Farbtafeln, 52 s/w-Abb., Pappband. ●●

**Selbst Wahrsagen mit Karten**
Die Zukunft in Liebe, Beruf und Finanzen. (0404) Von R. Koch, 112 S., 252 Abb., Pappband. ●●

**Weissagen, Hellsehen, Kartenlegen . . .**
Wie jeder die geheimen Kräfte ergründen und für sich nutzen kann. (4153) Von G. Haddenbach, 192 S., 40 Zeichnungen, Pappband. ●●

Erkennen Sie Psyche und Charakter durch **Handdeutung**
(4176) Von B. A. Mertz, 252 S., 9 s/w-Fotos, 160 Zeichnungen, Pappband. ●●●●

Falken-Handbuch **Astrologie**
Charakterkunde · Schicksal · Liebe und Beruf · Berechnung und Deutung von Horoskopen · Aszendenttabelle. (4068) Von B. A. Mertz, 342 S., mit 60 erläuternden Grafiken, Pappband. ●●●

**Die Familie im Horoskop**
Glück und Harmonie gemeinsam erleben – Probleme und Gegensätze verstehen und tolerieren. (4161) Von B. A. Mertz, 296 S., 40 Zeichnungen, kart. ●●●

**Aztekenhoroskop**
Deutung von Liebe und Schicksal nach dem Aztekenkalender. (0543) Von C.-M. und R. Kerler, 160 S., 20 Zeichnungen, Pappband. ●

**Was sagt uns das Horoskop?**
Praktische Einführung in die Astrologie. (0655) Von B. A. Mertz, 176 S., 25 Zeichnungen, kart. ●

**Das Super-Horoskop**
Der neue Weg zur Deutung von Charaker, Liebe und Schicksal nach chinesischer und abendländischer Astrologie. (0465) Von G. Haddenbach, 175 S., kart. ●

**Liebeshoroskop für die 12 Sternzeichen**
Alles über Chancen, Beziehungen, Erotik, Zärtlichkeit, Leidenschaft. (0587) Von G. Haddenbach, 144 S., 11 Zeichnungen, kart. ●

**Die 12 Sternzeichen**
Charakter, Liebe und Schicksal. (0385) Von G. Haddenbach, 160 S., Pappband. ●●

**Die 12 Tierzeichen im chinesischen Horoskop**
(0423) Von G. Haddenbach, 128 S., Pappband. ●

**Sternstunden**
für Liebe, Glück und Geld, Berufserfolg und Gesundheit. Das ganz persönliche Mitbringsel für Widder (0621), Stier (0622), Zwillinge (0623), Krebs (0624), Löwe (0625), Jungfrau (0626), Waage (0627), Skorpion (0628), Schütze (0629), Steinbock (0630), Wassermann (0631), Fische (0632) Von L. Cancer, 62 S., durchgehend farbig, Zeichnungen, Pappband. ●

## Computer-Bücher und Software

**Computer Grundwissen**
Eine Einführung in Funktion und Einsatzmöglichkeiten. (4302) Von W. Bauer, 176 Seiten, 193 Farb- und 12 s/w-Fotos, 37 Computergrafiken, kart., ●●●
(4301) Pappband, ●●●●

**Einführung in die Programmiersprache BASIC.** (4303) Von S. Curran und R. Curnow, 192 S., 92 Zeichnungen, kart. ●●

**Intelligenz in BASIC**
für Schneider CPC 464/664/6128. Mit Diskette 3". (4320) Von K.-H. Koch, 160 S., 14 Zeichnungen, kart. ●●●●●

**Lernen mit dem Computer.** (4304)
Von S. Curran und R. Curnow, 144 S., 34 Zeichnungen, Spiralbindung. ●●

**Garantiert BASIC lernen mit dem C 128**
Mit kompletter Kurs-Diskette
(4321) Von A. Görgens, 288 S., 4 s/w-Fotos, 83 Zeichnungen, kart. ●●●●

**Grundwissen Informationsverarbeitung**
(4314) Von H. Schiro, 312 S., 59 s/w-Fotos, 133 s/w-Zeichnungen, Pappband. ●●●●●

**Heimcomputer-Bastelkiste**
Messen, Steuern, Regeln mit C 64-, Apple II-, MSX-, TANDY-, MC-, Atari- und Sinclair-Computern. (4309) Von G. A. Karl, 256 S., 160 Zeichnungen, kart. ●●●●

**WORDSTAR 2000**
Textverarbeitung für Einsteiger und Profis Mit erprobten Anwendungen aus der Praxis. (4317) Von D. Nasser, 200 S., 9 s/w-Fotos, 3 Zeichnungen, kart. ●●●●●

**Drucker und Plotter**
Text und Grafik für Ihren Computer.
(4315) Von K.-H. Koch, 192 S., 12 Farbtafeln, 5 s/w-Fotos, kart. ●●●●

**Computergrafik**
Von den Grundlagen bis zum perfekten 3 D-Programm. (4319) Von A. Brück, 296 S., 20 Farbtafeln, 180 s/w-Grafiken, 50 s/w- Zeichnungen, 83 Listings, Pappband. ●●●●●

**Textverarbeitung mit Home- und Personal-Computern**
Systeme – Vergleiche – Anwendungen.
(4316) Von A. Görgens, 128 S., 49 s/w-Fotos, kart. ●●●●

**Die tägliche PC-Praxis**
Anwendungshilfen, Programme und Erweiterungen für MS-DOS-Computer
(4322) Von A. Görgens, 224 S., 25 Abbildungen, kart. ●●●●

**dBase III**
Einführung für Einsteiger und Nachschlagewerk für Profis. (4310) Von J. Brehm, G. A. Karl, 211 S., 23 Abb., kart. ●●●●●

FALKEN PC PRAXIS
**Desktop Publishing**
Setzen und Drucken auf dem Schreibtisch.
(4323) Von A. Görgens, 120 S., 11 s/w-Fotos, 72 Zeichnungen, kart. ●●●

FALKEN PC PRAXIS
**WordStar Praxis professionell**
Für die Versionen 3.4/3.45/4.0
Erweiterungen · Praxis-Tips · Datenaustausch · Desktop Publishing. (4324) Von A. Görgens, 172 S., 2 s/w-Fotos, 2 s/w-Zeichnungen, 116 s/w-Grafiken, kart. ●●●●

# Die Super-Preisleistung

Die 100 bekanntesten und beliebtesten Volkslieder, mit wunderschönen Farbzeichnungen von Brian Bagnall, durchgehend farbig im Großformat als gebundener Pappband.

Kein schöner Land . . . Das große Buch unserer beliebtesten Volkslieder. (0001) Hrsg. von Norbert Linke, 208 Seiten, 118 Farbzeichnungen, Pappband.

Erschienen in der F. Bassermann'schen Verlagsbuchhandlung Nachf.

Die hier vorgestellten Bücher, Videokassetten und Software sind in folgende Preisgruppen unterteilt:

● Preisgruppe bis DM 10,–/S 79,–
●● Preisgruppe über DM 10,– bis DM 20,– S 80,– bis S 160,–
●●● Preisgruppe über DM 20,– bis DM 30,– S 161,– bis S 240,–
●●●● Preisgruppe über DM 30,– bis DM 50,– S 241,– bis S 400,–
●●●●● Preisgruppe über DM 50,–/S 401,–
*(unverbindliche Preisempfehlung)

Die Preise entsprechen dem Status beim Druck dieses Verzeichnisses (s. Seite 1) – Änderungen, im besonderen der Preise, vorbehalten –

 Für die Schweiz: sFr.-Preise gemäß Preisauszeichnung in der Buchhandlung